存量增长

构建
好战略增长模式

GROWTH IN THE ERA
OF INVENTORY

原卫平
著

电子工业出版社
Publishing House of Electronics Industry
北京·BEIJING

未经许可，不得以任何方式复制或抄袭本书的部分或全部内容。
版权所有，侵权必究。

图书在版编目（CIP）数据

存量增长：构建好战略增长模式 / 原卫平著.
北京：电子工业出版社，2025. 7. -- ISBN 978-7-121-50351-1

Ⅰ．F272.1

中国国家版本馆CIP数据核字第2025GW4344号

责任编辑：张　昭
印　　刷：北京瑞禾彩色印刷有限公司
装　　订：北京瑞禾彩色印刷有限公司
出版发行：电子工业出版社
　　　　　北京市海淀区万寿路173信箱　邮编：100036
开　　本：720×1000　1/16　印张：18.25　字数：248.2千字
版　　次：2025年7月第1版
印　　次：2025年7月第1次印刷
定　　价：79.00元

凡所购买电子工业出版社图书有缺损问题，请向购买书店调换。若书店售缺，请与本社发行部联系，联系及邮购电话：(010) 88254888，88258888。
质量投诉请发邮件至zlts@phei.com.cn，盗版侵权举报请发邮件至dbqq@phei.com.cn。
本书咨询联系方式：(010) 88254210，influence@phei.com.cn，微信：yingxianglibook。

序

原老师将他的新著书稿跟我分享,我理解这是一本讲如何做战略的书,战略的前提假设是如何在"存量市场"中增长。

首先我谈下中国企业家对"战略"本身的认识。什么叫"战略",我观察到不少企业家有两个认识误区:第一,将自己的愿景等同于战略。企业家能够取得经营成功非常不容易,大多数企业家多少带点自恋人格,对于自己对生意的洞察力有着迷之自信,当面临迷茫、挑战时,总想复制自己成功的来时路径;第二,战略管理本身不等于战略。最近几年源自IBM、兴盛于华为的业务领导力模型(简称BLM)在企业界很流行,这个在公司内各个层级用来执行战略、发展领导力的方法,关注部门级战略如何跟公司战略对齐,以及战略执行的组织一致性因素。一般来说,这个方法并不能解决企业家在复杂市场环境中的战略决策问题。

战略本来是个军事术语,在20世纪60年代后期它被引入企业经营环境中。从20世纪50年代到70年代,西方企业面临的环境发生了深刻变化。一方面,产业逐渐从以制造业为主转向多元化的产业结构,服务业和知识密集型行业开始崛起，随着产业结构的改变，企业的竞争优势不再仅仅依赖于运营和生产效率，而更需要在市场定位、产品创新、资源整合等方面制定清晰的战略。另一方面，经济全球化的进程加快，各国企业逐渐走向国际市场，市场结构日益复杂，企业间的竞争逐渐从单一的成本竞争转向多元化的战略竞争，企业需要更全面的视角来制定长远的发展战略。此外，随着信息技术普及，企业管理者获得了更多数据和信息，能够对市场、竞争、客户需求等进行更深入的分析，为制定长期战略提供技术支持。

早期指导企业家的主流管理思想是科学管理，强调通过标准化、流程改进和成本控制来提高效率。然而，到了20世纪中后期，企业界逐渐认识到，单纯的内部效率不足以应对外部环境的复杂性和不确定性。波士顿咨询公司是最早专注于战略的咨询机构，强调企业外部环境的分析、竞争态势的判断、市场定位的选择等。波士顿咨询公司创始人布鲁斯·亨德森提出了著名的"市场份额-增长矩阵"模型，强调了市场和竞争的重要性，开启了企业战略规划的新视角。

经过几十年的发展，市场环境越来越动态，战略所关注的问题，除了市场选择，还包括了其他原则。贝恩咨询提出了五大战略信念：一是企业必须深入理解客户需求，并将其作为战略的核心，二是确保在组织内外保持一致的目标和行动，三是专注于打造并强化独特的竞争优势，四是灵活应对环境变化，及时调整、迭代战略，五是坚持长期价值创造，关注企业的可持续增长。这些信念帮助企业在动态市场中保持灵活性和竞争力，实现持续的价值创造。

前些年，波士顿咨询公司曾经提出一个"战略调色板"（Strategy

Palette）的概念，即战略分为不同类型，企业需要根据环境的不同，选择适合当下的战略类型。企业可以从如下两个维度来理解其所处的市场环境，并选择最合适的战略类型。

1. 可预测性：指市场环境的变化是否可以被准确预见。高可预测性的市场通常变化较小、相对稳定，企业可以通过数据和历史趋势来推测未来的发展；而低可预测性的市场则充满不确定性，快速变化，很难准确预测未来的走向。

2. 可塑性：指企业能够在多大程度上通过自身的行为或策略来影响或改变所处市场的环境。高可塑性的市场意味着企业有机会塑造行业规则、引导市场需求，甚至创造一个新的市场；而低可塑性的市场则是企业无法轻易改变或塑造的市场环境，市场规则较为固定。

据我对中国企业家成功或者失败的观察，企业家不能背对大海钓鱼，市场是指导战略的第一要务；要深入洞察市场环境，来选择战略类型。

1. 经典战略（Classical Strategy）：适用于高可预测性、低可塑性的市场。企业通过系统性分析制定目标，专注于通过规模化、成本控制和市场份额提升来获取竞争优势。

2. 适应型战略（Adaptive Strategy）：面向低可预测性、低可塑性的市场。企业需要快速反应和灵活调整，侧重于试验、学习和适应。这种战略强调敏捷性和创新，企业需要不断地迭代和试验，以寻找最优的策略。

3. 愿景驱动型战略（Visionary Strategy）：适用于高可预测性、高可塑性的市场。企业通过创造和塑造未来来获得成功。典型的愿景驱动型企业可能会制定大胆的目标，并致力于通过持续的创新和战略投资来引领市场。

4. 塑造型战略（Shaping Strategy）：适用于低可预测性、高可塑性的市场，一个行业需要各方合作、创造生态系统来形成价值。企业需要通过协作和影响行业参与者，形成一个能共同受益的生态系统。塑造型战略的关键在于建立标准、形成网络效应并吸引合作伙伴。

5. 重塑型战略（Renewal Strategy）：市场本身已经岌岌可危，同时企业面临危机或短期困境。企业的目标是恢复活力并重新取得增长，通常通过减少成本、优化运营和剥离非核心业务等方式进行重组。

这个框架的大背景是进入二十一世纪，创新加速，全球尤其是中美互联网经济迅猛发展，让企业面临的外部环境变得VUCA[①]，以经典战略为核心的战略模式，已经远远不能满足现实的需要，战略的动态化、敏捷化、平台化开始大行其道。"战略调色板"的提出也契合了当时中国互联网和平台经济的快速发展，在理论上给予了配合和引导。

然而，近些年来，尤其是疫情的暴发，中国经济的增长开始放缓，曾经高歌猛进的互联网经济也雄风不在，正如原老师在书中提到的，市场进入了存量发展阶段。

我理解原老师说的"存量市场"和前些年说的经济"新常态"有一定关系——中国经济在经历高速增长阶段之后，进入一个增速放缓、结构调整、质量提升的阶段，经济视角上从过去的粗放式增长，转向更注

[①] VUCA：代表易变性（Volatility）、不确定性（Uncertainty）、复杂性（Complexity）和模糊性（Ambiguity）。它体现了当前世界快速变化、难以预测、多变复杂且不明确的特征。VUCA环境要求组织和个人具备高度的适应性、灵活性和创新能力，以应对瞬息万变的挑战和不确定性。

重质量、创新、绿色发展的新阶段。在这样的大环境下，很多过去二十年里高速增长的市场进入了平稳阶段，市场的竞争重点不再是通过争夺增量来扩大市场份额，而是如何在已有的市场中通过提高效率、创新、优化资源配置等手段来进行竞争。

我们怎么认识"存量市场"，以及如何进行战略选择，以在更具挑战的环境中实现可持续的增长，就成了摆在当下中国企业家面前的严峻课题。相信原老师的书能带给各位企业家、管理者更加行之有效的战略思维和破局之路。

中国企业知识开源计划创始人

波士顿咨询前董事总经理

陈果

自序

中国改革开放在走过四十七年后，随着全球政治格局经历百年未有之大变局，我们都必须接受我们已经彻底进入一个新时代。如果我们把上一个时代称为"增量市场时代"，那么新时代就可以被描述为"存量市场时代"。

追忆增量市场时代，那是一个虽混乱、野蛮成长，却又迷人、令人心醉的"繁华"时代：贸易、制造、大消费、互联网、房地产……神州大地上发财和造富机会，一波又一波、一浪又一浪，吸引了无数的弄潮儿。也正是在这个时代，大量企业通过成功抓住产业风口，整合和把握稀缺资源，以推出一种好产品、好技术为发端，对外跑马圈地、大干快上，对内依赖企业家个人魅力形成的执行力，获得了高速发展，成就了企业的江湖地位。

相较以前躺着赚钱的快乐好时光，缓慢甚至停滞增长的市场、成熟的客户、激烈内卷的竞争，导致存量市场时代是一个"自己多一口就代表别人少一口"的强竞争时代、是一个"钱难赚"的时代。在存量市场时代，能够给客户提供差异化价值的企业方能获得增长，因此正如20

世纪60年代，美国由增量市场时代进入存量市场时代，"战略"开始崛起一样，未来越来越多的中国企业必将由机会牵引转型为战略驱动增长。如何从务实、可执行的角度重新认识好战略，如何通过将战略能力建到组织上，升级经营管理，来成功完成向战略驱动增长模式的转型，从而帮助企业在存量市场时代实现高质量、可持续的增长，正是本书的主题。

很多人抱怨存量市场时代不如增量市场时代，好日子一去不复返了。这种认识未免过于片面，增量市场时代和存量市场时代是经济和市场发展的不同生命阶段，就如人的青年期和中年期，优劣不同、各有其美。青年时代，人们虽梦想繁多，激情满怀，敢打、敢拼，但思想迷茫、混乱，情绪易焦虑、起伏不定，行事冲动、鲁莽，缺乏辨识能力；中年时代，人过半生已不惑，虽因经历纷繁而难免被经验所困，缺乏初生牛犊不怕虎的锐气，但明世明己、价值笃定，反而坚定不移、锲而不舍，脚踏实地、沉稳平和。

增量市场时代和存量市场时代也恰如此，增量市场时代的机会虽然随处可见，但易引导企业"在大机会时代采取机会主义"，将资源投入到短期增长因素中，赚快钱和容易钱，走后门、抄捷径，粗放发展，拼消耗，透支环境；同时，增量市场时代虽能实现财富快速膨胀，但野蛮生长的背后，往往以损害公平、正义，漠视常识、规则、道义为代价。所以说，增量市场时代美在突飞猛进的增长，奋斗拼搏的即时兑现，但也会因竭泽而渔、浮躁混乱、礼崩乐坏而不可持续。

存量市场时代虽然少了大赌大赢的酣畅、突飞猛进的快意、财富身份快速变迁的炫目，但内卷激烈、钱难赚反而有利于企业回归商业的利他本质，为客户创造价值，遵循长期主义，扎铁寨、打硬仗倒逼能力建设，聚焦细分市场和专业精耕细作、埋头打磨、持续精进。因此存量市场时代美在"宁静致远、内外兼修、平衡兼顾、成熟平和"。所以说，存量市场时代既是最坏的时代，又何尝不是一个最好的时代。

就拿笔者身处的管理咨询行业来说，在增量市场时代的三十多年里，虽然受益于中国经济的高歌猛进而得到了快速发展，但就企业管理咨询费支出占比、对管理咨询服务的倚重度，以及优秀顾问的供给等方面，我国管理咨询行业和西方发达经济体相比尚存不小的差距，而造成这一差距的根本原因和增量市场时代行业的野蛮成长、规则不规范，以及客户的不成熟直接相关。

企业在如何利用管理咨询为自己创造价值方面，认知不成熟、能力不足。在增量市场时代，企业增长主要来源于机会牵引下对短期增长要素的投入，而对长期才能见效的管理体系和组织能力建设相对投入不足，对管理咨询的价值重视不够。同时在管理咨询投入上也存在粗放、不专业的问题，包括在需求不明确、目标不正确下，盲目跟风式做咨询；在咨询公司的选择上，缺乏对咨询公司优缺点的辨识，不能针对企业实际选择匹配的咨询公司和顾问，以及在合作过程当中，缺乏对顾问的支持、配合和领导。

行业的快速发展以及管理顾问准入、培养和评价标准的缺失，导致优秀的管理顾问供给不足。管理顾问对企业的价值创造可以类比为"企业医生"。虽然和医院医生一样，管理顾问也是越老越值钱，但在以下两点上，管理顾问又有明显不同：第一，由于管理顾问不是企业拥有职权的员工，所以其给企业的治疗方案，往往需要借助企业现有的员工的配合来实施，加之企业管理本身的系统性和复杂性，所以其对企业业绩和目标达成的影响不像医院医生的疗效那样快速、直观和易衡量；第二，相较医生必须有至少五年医学院学习和规培这样严格的准入门槛和标准化的培养程序，管理咨询行业则难以建立统一的准入和培养标准，但管理咨询行业对管理顾问的能力要求同样很高，管理咨询技能的掌握难度同样很大。一名管理顾问要成为受人尊重的"企业医生"，同样需要极为丰富的管理理论知识积累和长期实践经验的打磨。对于野蛮生长的中国管理咨询行业来说，市场快速发展对管理顾问的大量需求，以及行业发展初期缺乏人才的准入、培养、评价标准，也一定程度上减缓了优秀管理顾问的培养速度，抑制了对优秀人才的长期吸引，导致优秀管理顾问供给不足。

管理咨询服务在形式上还不能满足企业的需要，在价值创造形式上还需结合中国企业实际进行创新。"方案设计和交付"是西方管理咨询服务的主要形式，即管理咨询顾问主要负责方案设计、培训和推广，但实质上长期执行落地的责任由企业内部负责。这种"方案型"咨询服务方式大行其道，和西方企业经过百年工业化的洗礼具有深厚的契约法制文化，以及职业化程度高的专业人才、管理素养高的经理人有关。然而，中国企业的实际管理环境要复杂很多，很多企业制度文化缺失、管理基础偏弱、管理素养和专业管理能力偏低，导致"方案型"咨询或因为企业其他管理基础偏弱无法衔接，或因为承接执行人的专业能力偏弱而导致实施效果难以达到预期。

随着存量市场时代的到来，中国管理咨询行业发展的底层逻辑也在发生根本改变，行业彻底进入以价值创造为核心的专业主义时代。从需求端看，内卷严重、钱难赚不仅让企业更加重视管理咨询的价值，也让日趋成熟的企业客户对管理咨询服务的购买更加理性和集约，落地实效成为众多企业选择管理咨询服务的优先标准。从供给端看，一大批既有咨询理论功底，又有企业实践操盘经验的管理顾问开始活跃在中国管理咨询行业。中国管理咨询市场因此呈现出冰火两重天的结构：一边是落地实效差的咨询服务需求萎靡；一边是针对中国企业管理实际的教练式管理顾问服务门庭若市。这类服务以问题为导向，在解决问题以及推动体系建设的同时赋能企业内部专业人员能力提升。

《存量增长》是笔者在《首席转型官》一书出版十年后，用情、用心创作的第二部作品。增量市场时代如何达成增长，企业已经轻车熟路；但是面对陌生和迥乎不同的存量市场时代，如何增长是令众多企业困惑不已的问题，本书就是为了从根本上解决上述问题而给出的系统解决方案。本书意图体现四个方面的特色。

一是以问题为导向，保证解决方案的实用性和可落地性。

"存量市场时代如何增长？"围绕着这个问题，本书首先在第一部分，通过比较分析增量市场与存量市场外部环境和增长策略、管理模式的差异，提出存量市场时代，企业可以通过遵循"破界创新行业和区域定义""结构细分市场""打造竞争优势""升级组织能力"的增长逻辑，实现由"机会牵引增长"向"战略驱动增长"的转型。

而针对存量市场时代企业如何打造好战略模式，本书在第二部分"重新认识好战略"澄清对战略认知的误区的基础上，最终在第三部分"存量市场时代，如何将战略能力建到组织上"，给出了打造好战略模式的根本解决之道，而在具体章节中，又进一步围绕着"如何由一个人的战略转型为体系驱动战略？""如何解决战略执行难？""如何开好战略研讨会？""如何进行战略解码？""如何进行战略复盘？""如何开好经营分析会？"等问题，给出具体实战可落地的解决方案。

二是将一线问题总结、最佳实践研究、理论高度解决，三者融为一体。

笔者还记得在中国人民大学读研究生时老师的教诲，"只有把见识写出来，才能真正转化成自己的能力"，所以在二十年管理咨询和企业战略、人力资源管理生涯中，笔者一直坚持将在管理咨询和实践一线的发现和感悟，通过日记的形式记录下来，到目前为止已经沉淀了三十余篇文章。这本书就是取材于这些年笔者对中国企业管理一线鲜活案例持续的记录和跟进研究，其中既有成功的最佳实践，也有失败的教训反思。

然而，对专业管理顾问来说，光了解企业实际，通晓最佳实践是不够的，同时要有能将最佳实践抽象提炼为方法论和工具的理论素养，唯有此才能将最佳实践跨企业、行业进行推广，甚至还要进一步具备超越时空的解决方案能力。所以在本书中，笔者也尝试提炼了以下原创性的方法论和工具，包括"战略体系建设的三角模型""战略工具图谱""增量市场时代的经营管理模式""存量市场时代的经营管理模式""运营型、优势型和组合型三种企业增长模式"等。

三是同时将战略设计和战略执行讲清楚，说明白。

"战略不执行，最后等于零"，而战略如果寄希望得到有效执行，在战略规划阶段就需要将后期执行考虑进去，所以战略规划和执行是你中有我、我中有你，不可割裂的两个部分。

然而，传统有关战略领域的书籍通常要么以战略设计为重，要么以战略执行为重，较难真正同时兼顾，原因是战略设计和战略执行需要两种不同的思维模式，往往对应两类不同的专业领域。

与需要严谨流程思维的战略执行不同，好的战略设计往往不是逻辑的推演，而来自灵光一现的洞见，所以需要类似设计师的"发散性思维"，而现实当中，将逻辑思维和发散能力集于一身并不多见。所以长期从事战略设计和规划研究的专业人士，他们的作品更擅长和侧重以战略设计为主；长期从事组织和人力资源管理和研究的专业人士则更偏重战略执行。笔者偏好发散性思维，但机缘巧合下先从事了人力资源咨询和管理工作，后又回归到自己喜爱的战略规划咨询和管理工作中，这种从战略执行再到战略设计的职业经历，让笔者恰巧可以在作品中将战略设计和执行这两部分的精髓，尽可能说清楚，讲明白。

四是刨根溯源，厘清假设，打通中西，建立自信。

过去四十多年，中国经济之所以能够喜迎"千年难遇"的增长，归根究底是打开国门，学习先进，改变自己，以后发优势快速赶超。在这一过程当中，尤其在学习西方管理时，我们也犯过囫囵吞枣、生搬硬套、盲目崇拜的错误。在过去二三十年里，西方流行的管理模式和方法每次被引入到国内，都会毫无例外地掀起学习和模仿热潮，但除了少数企业能够学到精髓，消化吸收，绝大多数企业学习到最后都是一地鸡毛。究其原因，管理作为社会科学，其不同于自然科学之处在于，除了具有普遍适用的一般规律，其结论、观点和方法还往往和特定的产业、周期、人性、文化等假设紧密相连，所以在学习和引入先进管理模式和方法时，厘清背后的假设乃至了解背后的禁忌，是正确使用，防止

"误服""误用"的前提。也因此，本书在论述如何构建中国企业战略管理体系前，首先对起源于美国的经典战略管理思想和理论，按照时间轴，就其代表学派的时代背景和优缺点进行了追根溯源的分析，并在此基础上提出中国企业的战略之路——"动态化升级经典战略管理"。同时，本书对战略管理思想的结晶——战略工具的背后假设和使用限定条件进行了剖析，对战略工具进行了归类总结，以便于企业更好地甄别使用。

此外，我们在学习先进中常犯的另一个错误就是放弃自我、盲目崇外。学习西方管理，我们不能只学海面以上的术而不学海面以下的道，舍难求易，而是要打开底座进行文化改良，取来西方先进管理的真经，但在此基础上，我们还要坚定文化自信，将中华民族自强不息、艰苦奋斗等文化精髓，融入进去。为此，笔者依据长期对华为等中国管理卓越企业最佳实践的研究，总结了中国企业打造强大组织管理力的成功规律，期望以此探索中国企业领先全球的差异化战略执行之道。

本书作为笔者对战略制定和战略执行的理论和实践总结，尚有诸多不完善之处，诚恳欢迎企业客户、咨询和理论界的朋友给予批评、指正。

原卫平

2025年5月于北京

| 前言 |

存量市场时代的增长，始于走出战略误区

随着中国大多数行业尤其是传统行业彻底由增量市场进入存量乃至减量市场，过去类似"跑马、圈地、取势""以渠道为中心""通过向短期增长因素倾斜资源刺激增长"等传统的增长策略和打法，效果开始减弱甚至失效、发不上力了。面对增长停滞或者不断缩小的市场、越来越成熟和挑剔的客户、百年未有之大变局下风云变幻和充满惊涛骇浪的国际政经形势、人工智能如ChatGPT等新技术对产业的冲击、全球气候变暖、自然灾害加剧以及疫情频发等不确定的外部环境，大多数企业唯有"自古华山一条路"——一方面降本增效，提升内部管理效率，管控好风险，保证健康的现金流；另一方面要提前做经营，打造竞争优势，挖掘和培养核心能力，拉长、拉宽经营视角，前瞻统筹布局未来增长点，从而保证企业稳定、高质量、可持续的增长，这就是存量市场时代我们需要的"好战略增长模式"。然而，要真正理解这种模式，企业首先要消除对战略不正确的理解和假设，走出对战略的认知误区。

一、战略是一种高级经营管理模式，而不仅仅是规划

对战略最大的误解，莫过于认为战略就是和公司日常经营、管理没有直接关系的长远规划。正因为短期难以获得看得见摸得着的成果，很多企业才会认为战略太虚，价值不大，因而对战略敬而远之。

我们不能否认这种认为战略不重要的观念，这个观念在增量市场时代有其合理性。纵观中美两国的增量市场时代（中国始于20世纪80年代，延续了三十余年；美国始于二战，结束于20世纪70年代初的全球石油经济危机时期），面对需求井喷式增长，快速发展的企业大都遵循了相同的策略，就是通过跑马、圈地、取势来抢钱、抢市场。增量市场时代，快速、胆识和勇猛是企业成功的关键，战略的确不是必需品。不过，需要补充的一点是，企业战略管理作为显学和正式职能，恰巧出现在20世纪六七十年代美国由增量市场向存量市场转型的时候。

如果说增量市场时代企业之间的竞争还只是停留在"谁更快，谁抢的份额更多"的弱竞争层面，那么存量市场时代，则是"我多吃一口，你就少吃一口"的强竞争。企业能否"多吃一口"的关键就在于是否具有竞争优势，更具体地说，就是看谁能基于核心能力，为目标客户创造更多有别于竞争对手的价值。存量市场时代，企业必须给客户"为什么要买你的产品或服务"一个理由，说不清楚这个理由的企业，在存量市场时代很难生存，更遑论发展了。

此外，依赖传统经营模式，即着眼于短期增长点进行资源布局、投放、发力的增长模式，在存量市场时代的边际效用越来越差，传统增长手段失效正是目前大多数企业增长乏力的关键原因。

所以，存量市场时代，企业必须升级经营和管理模式：提前做经营，进行长周期资源投放，布局长期增长动能，打造核心能力，形成竞争优势，将经营因果链升级为战略因果链，进而将长期增长动能和短期增长点打通，而管理也要由增量时代突出管控经营，升级为赋能经营和推动组织协同，以保证企业稳定、高质量、可持续的增长，这才是战略的真正要义。

然而，将战略升级为一种经营管理和增长模式，也并非易事。因为企业的日常经营管理（包括决策模式、组织功能、运营逻辑和方式乃至管理者的领导技能），都是围绕着短期增长设置的，典型的如习惯用短、平、快的日常经营决策方式来处理需要深度思考、系统设计、正反相搏、权衡利弊的战略性问题，这在增量市场时代危害不突出，但在存量市场时代，没想深、想全、想透的战略决策，往往容易导致快速决策、轻易改变、执行不力、浅尝辄止等，所以企业需要建立支撑长期增长的决策模式、组织功能、流程和工具方法，在这个过程中企业战略职能的建设和发育尤为重要。

二、战略规划要三观正确，而非抓风口、追热点、够"性感"

"平台战略""大数据战略"等曾是企业竞相追捧的战略模式。不管自己在行业是否有影响力，不管几斤几两，都要搭台子唱戏；某些毫无科技基因的传统制造业企业，即使基础信息化建设尚步履蹒跚，信息化团队只是一群业余选手，仍言必称要转型成为大数据公司，最后的结果必然是笑谈。

"紧跟热点，推动潮流"是新闻出版、传媒界的生存之道，大热点才会有大关注、大流量、大销量。作为企业，对于适合企业实际的热点，固然可以借势起舞，对外便于获取资金、政策等支持，对内也更易于统一思想、达成共识、减少阻力。然而，好战略的关键在于"三观"正确，而绝非够酷、够时尚，否则忽悠了别人，更忽悠了自己。正确的三观，是指宏观对风口要"顺势而为"，中观对行业理解要"洞察本质"，微观对企业实际要"了如指掌"。其中，"顺势而为"是好战略的前提，"洞察本质"是关键，"了如指掌"是保障。

"顺势而为"最形象的描述莫过于"风大了，猪都飞得起来"。战略要顺风，而不能逆风，这是好战略的前提。这个风口和势能可能来自新产业的崛起，产品技术的升级、迭代，消费者需求和购买行为的变化等，从增长的角度来说，"顺势而为"的本质就是找增量市场，或者在存量市场中找增量细分市场。

"洞察本质"则是企业做好战略规划的关键。任何行业在特定阶段，都有它特殊的行业结构和底层增长逻辑。行业龙头，长期持续增长的排头兵企业，对行业本质的理解往往超越大多数企业，这类企业擅长把握行业机会窗口，基于对行业本质的洞察，破解底层增长密码，设计出推动企业持续增长的模型，打造增长的发力点。例如在泛家居行业，现在的龙头企业往往在二十年前，便已构建起了以渠道为中心的增长模型；而四川家具企业集群则是基于渠道逻辑，在中国三四级城市构建了以"大店+全屋家具+低价"打通供需链的增长模型。

"了如指掌"则是好战略的基础和保障，往往也是约束企业制定出好战略的最大瓶颈。"灯下黑"是企业在制定战略过程中普遍存在的问题，这不仅表现为对企业内部的管理、组织问题缺乏深入理解，对资源匮乏、能力不足缺乏客观评估，也表现为对企业独特禀赋和内部优良传统缺乏认知和挖掘。

增量市场时代，环境对战略偏差的包容度很高，企业即使忽视问题、高估自己，市场红利和外部源源不断、唾手可得的资源也会让企业继续保持高歌猛进。企业即使没有挖掘自己的优势，形成核心能力，也并不妨碍攻城略地。存量市场时代则不然，环境对战略偏差的容忍度大幅度降低，没有自知之明的企业，轻则因为目标不切实际、资源分散不聚焦、能力建设滞后，而导致目标落空、士气受挫、增长停滞；重则因为核心业务重创、孵化业务凋零、现金流断裂，导致企业万劫不复。

三、战略需要群策群力，而非变成"老板一个人的战略"

相当多企业认为"战略就是老板一个人的事"，原因有二：一是因为角色分工，认为制定战略就是老板的职责，其他人只负责执行；二是由于能力和信息差距，认为其他人获取的信息量、对行业的理解以及战略思考力和老板差距太大，听取他们的意见，干扰了决策质量，降低了决策速度，得不偿失。

不可否认，以上观点是有一定道理的。当企业处于增量市场的阶段，技术迭代、客户需求变化速度不快，外部环境相对静态、易预测，战略决策所需的信息量仅靠一个人就能够承载。"战略就是老板一个人的事"，这种方式因效率高，反而是制定战略的最佳模式。但是，以上场景假设，在未来中国经济环境中将越来越少见，原因有两点。

一是中国大部分传统产业已进入存量市场时代，加之在"百年未有之大变局"大背景下，外部环境充满了动荡和不确定性，企业难以简单套用以前的成功经验进行决策，一个人说了算的战略决策模式的风险将大大增加。群策群力，对重大战略命题进行多角度、全方位、无死角的分析和论证，就显得极其必要了。

二是大部分企业在战略管理中，习惯采取战略制定和执行分离的模式。战略制定经常是个"黑箱"，老板做出战略决策和安排，其他人并不知道为什么得出这样的判断和结论，更不了解中间的思考、假设和论证过程，但组织心理学指出："当执行者没有参与感时，他会认为在做别人的事，而非自己的事"，这种被要求执行的状态，在企业规模小、老板个人权威驱动的模式下，战略执行的效果尚可以得到保证，但随着企业规模变大，执行力需要由个人执行力升级为由机制、体系、流程驱动的组织执行力，执行者不参与战略决策的弊端将会成倍放大，尤其是以80后、90后为核心的新一代管理者走上中高层领导位置后。和老一代管理者相比，他们的战略思维能力更强，掌握的行业前沿信息更多，战略参与的需求度更高。

战略不应该"只是老板一个人的事"，越来越多的中高层管理干部参与到战略制定中是大势所趋，将战略能力建到组织上也是大多数规模企业的必由之路。

四、战略工作的重心在可执行，而非预测未来

企业战略工作存在两个突出的问题。一个是执行难，罗伯特·卡普

兰（Robert Kaplan）和戴维·诺顿（David Norton）在《战略中心型组织》一书中曾经指出，"只有不超过10%的有效的战略规划得以成功执行"（相信这个数据同样适用于中国企业）；另一个是在很多企业中，战略部门处境尴尬，长期处于边缘化状态。

显然这两个问题是有关联的。如果战略规划大部分无法成功实施，战略部门的价值又如何能被认可呢？以上两个问题存在的根本原因之一，就是人们想当然地认为企业战略工作重心在预测未来、明确方向本身，即战略能否对企业未来三年、五年乃至十年、二十年的发展方向做出明确的选择和规划，但从企业战略管理实践来看，对于大多数行业，尤其是身处动态、复杂行业的企业来说，把预测未来、提高战略方向明确度作为战略工作的重点，既不可行，也不可取。

何谓不可行？彼得·德鲁克（Peter Drucker）就认为我们只能预测"正在发生的未来"，而真实的未来是难以预测的，但战略计划学派的代表人物哈利·安索夫（Harry Ansoff）则不以为然，他认为未来是可以预测的，而且成功战略的关键就是要基于对未来确定性的假设，制定出精准的战略规划。为此计划学派开发了大量的量化工具，推动企业建立庞大的战略职能部门来进行分析预测，但历史最终证明，由职能部门主导的精准战略，往往脱离实际，难以执行，并招致业务部门的抵触。不论通用电气的前CEO杰克·韦尔奇（Jack Welch），还是IBM传奇CEO郭士纳（Gerstner）等，他们上任后都无一例外地对战略职能部门进行瘦身，让战略规划和设计的主导权回归业务负责人。

尤其进入21世纪，越来越多的行业和企业被认为身处VUCA环境中，计划赶不上变化成为常态，战略往往处于持续涌现、动态更新的状态中，一次到位想清楚的战略在企业现实中并不多见。在这种状况下，将大量精力放在准确预测未来，并企图以精准、静态的战略规划来指导企业，虽然保证了组织运作的规范和秩序，但僵化的战略规划往往让企业失去灵活性，手脚被束缚，贻误战机。

何谓不可取？实践告诉我们，企业之间战略的差异往往体现在执行上，而非方向规划本身上。尤其是同行业的企业，你会发现它们在方向选择（包括商业模式）层面上往往同质化严重。在信息快速扩散的互联网时代，你能看到的风口趋势，其他企业一样可以看到。即使有某家企业率先判断出风口，或者对商业模式做出创新，它也很快会被模仿甚至超越。例如，泛家居产业在"拎包入住，全屋家居"的大势下，上市的橱柜企业无一不选择跨界做衣柜，衣柜企业也无一不选择做橱柜，在战略方向选择上严重同质化。所以卡普兰和诺顿指出："战略执行的能力比战略本身的质量更为重要""大多数情况下，估计有70%的情况是真正的问题不在于战略不好，而在于执行不到位"。

因此作为公司战略职能部门，战略部应该把"可执行"作为核心原则贯穿战略工作的始终。企业任何职能、任何部门都要用成果来说话，都要直接或间接地创造可衡量的价值，即使战略职能部门也不例外。一个不能落地的战略，是没有高价值的，不管它看上去多美，听上去多酷；一个不能对战略落地承担责任的战略部门，也很难被认可为持续创造价值的部门。1964年，德鲁克出版的战略专著《成果管理》(*Managing for results*)，在管理史上第一次正式提出企业战略概念，因此被认为是企业战略管理的奠基之作。

所以说，战略的重心在可执行，战略部门的关键职责不仅仅是负责规划，更要负责打造、推动由"形成规划、战略解码、跟进结果，复盘调整"四个环节组成的战略管理闭环系统，帮助企业从"会执行、愿执行"角度，解决战略执行难的问题，而且即使在设计环节也必须把可执行的原则贯穿其中。

五、战略成功有赖于组织管理能力，而不仅仅是"战略决定管理"

"战略决定管理"就是在清晰、明确和稳定的战略定位下，企业要打造与战略紧密匹配、横向耦合的差异化专业能力（如营销、研发、制造、供应链等），人力资源、信息化等职能则要充分落实、保障，同时，组织结构要紧随其后，服从于战略。

这一理论的最典型代表就是迈克尔·波特（Michael Porter），经典战略管理教科书大都遵循和宣扬这一理论。因此，"战略决定管理"广泛、深刻影响了企业的战略管理实践，但从企业实际应用效果来看，并不尽如人意。关键原因正如战略学习学派批判波特目中无组织、目中无人一样，这种理论只基于产业环境分析而进行设计，企业内部不是战略选择的关键考虑因素。想当然地假设企业普遍解决好了人和组织的问题，具有强大和均质的组织管理能力，能够保障执行力和运营效率，而企业间的差距只是在是否能够建立与差异化定位匹配的能力组合。

企业实践证明，恰恰是被波特无视的"组织管理能力"，才是一个企业战略能够成功的决定因素。一些中国著名企业家在多年的战略和管理实践后，往往会殊途同归，提出类似观点，如任正非谈到，"战略方向应大致正确，但组织必须有活力"；宁高宁则认为，"任何战略要想成功,首先要把人和团队组织好,这高于战略,是战略成功的前提、基础和出发点"。

总结来说,企业需要正视强竞争的存量市场时代的到来,我们必须调整和改变增量市场时代以短期增长因素为发力点的增长模式,全面升级经营、管理,实施好战略驱动的增长模式,在存量市场时代杀出一条血路,搏出真我的风采,此为前言。

| 目录 |

第一部分　存量市场时代，没有好战略驱动的企业难以增长

第一章　存量市场时代，中国企业面临的挑战 / 002
　　　　第一节　从增量市场时代进入存量市场时代 / 003
　　　　第二节　存量市场时代的挑战和应对 / 016

第二章　存量市场时代的增长逻辑——破界、结构、优势、能力 / 021
　　　　第一节　向创新破界要增长 / 022
　　　　第二节　向结构细分要增长 / 042
　　　　第三节　向竞争优势要增长 / 051
　　　　第四节　向组织能力升级要增长 / 062

第二部分　存量市场时代，重新认识好战略 / 081

第三章　好战略的关键——动态化升级"经典战略" / 083
第一节　回溯和辨析"经典战略" / 084
第二节　动态化升级"经典战略管理" / 098

第四章　好战略的根能力——组织管理力 / 105
第一节　组织管理力是好战略的"根能力" / 106
第二节　中国企业领先的组织管理力建设 / 109

第五章　好战略的本质——确定性增长模式 / 119
第一节　企业不能承受"不增长"之轻 / 120
第二节　衡量好战略的标准：长期有质量的增长 / 123
第三节　升级经营管理，打造长期确定性增长模式 / 127

第三部分　存量市场时代，如何将战略能力建到组织上

第六章　从"一个人的战略"到"体系驱动战略" / 134
第一节　"一个人的战略"的风险 / 135
第二节　战略体系建设的方法论——三角模型 / 145

第七章　战略职能的崛起 / 149

第一节　战略职能的责任 / 150

第二节　战略职能的崛起之道 / 152

第八章　结构化战略思考力和工具 / 157

第一节　什么是结构化战略思考力 / 158

第二节　结构化战略工具 / 161

第三节　BLM–集大成的战略框架工具 / 179

第九章　以执行为中心的战略管理流程和会议体系 / 202

第一节　企业最高领导人主导下的角色转型 / 205

第二节　战略设计的流程和会议 / 207

第三节　战略解码 / 218

第四节　战略执行的监控、根因分析和闭环管理 / 244

致谢　/ 259

参考文献　/ 261

案例目录

案例分析：四川家具的崛起 / 007

案例分析：华为全球化实践的总结及其启示 / 028

案例分析：传音——"利用传统成功模式，深耕欠发达市场" / 033

案例分析：SHEIN（希音）——"领先创新C2B模式，起点直取美欧市场" / 037

案例分析：拼多多——把握结构细分机会，实现后来居上 / 045

案例分析：欧派家居——由"三力模式"到好战略驱动增长 / 054

案例分析：华为——打造驱动业务持续增长的世界级组织能力 / 067

案例分析：华为从"一个人的战略"到"体系驱动战略" / 137

战略工具深度分析

战略工具深度分析：业务组合管理工具的演进 / 162

战略工具深度分析：BLM–集大成的战略框架工具 /179

战略工具深度分析：从平衡计分卡到战略地图 / 223

战略工具深度分析：实现组织和个人目标协同的优选工具——PBC / 239

Part 1

| 第一部分 |

存量市场时代，
没有好战略驱动的企业
难以增长

| 第一章 |

Chapter 1

存量市场时代，中国企业面临的挑战

近四十年的高速发展，让中华大地躬逢千年难遇的增量市场时代，但随着中国经济无可避免地进入存量市场时代，中国企业正面临和过去截然不同的内外部环境，直面存量市场时代的挑战，在比较差异中做出经营和管理上的改变，是中国企业迫在眉睫的课题。

第一节
从增量市场时代进入存量市场时代

千年一遇的增量市场时代

中国经济的腾飞归功于改革开放,这毋庸置疑。1980年之前出生的中国人,大多有贫穷记忆,缺衣少食是彼时大多数家庭的常态。始于1978年的生产关系改革,像开闸的春水让中国社会的生产力潜能蓬勃而出:用市场经济这只无形的手,让个人致富的热情、消费者压制的需求和欲望、民营经济的供给机制,三者联通互动,形成了高速运转的循环;而开放,作为协同改革的"倍增加速器",让中国作为后进国家,快速学习到西方现代国家经过数百年工业革命沉淀下来的成功经营理念、管理思想和方法,以及先进技术、设备、工具乃至设计和产品。2001年,中国加入世界贸易组织(WTO),更是把中国的开放程度,由引进推进到了融入,中国经济进一步嵌入世界分工和贸易当中,快速拉近与世界先进水平之间的技术、能力差距。

改革开放四十多年,尤其是在2001年中国加入WTO后的十多年,中国大多数行业幸遇市场的爆发式增长,就其规模、增速,可称之为

"千年一遇"。而支撑爆发式增长的，是改革开放底色下，经济的供给端和需求端尽享了中国人口在数量、年龄结构和城乡身份结构上的三大红利：把握住了全球产业转移的契机，成为世界工厂；以惊人的速度，推动和接近完成了人类历史上最大规模的城镇化和工业化进程；巨大人口基数的需求从凭票定量供应、物资极度匮乏的休眠状态中被激活[①]，市场呈现井喷式增长。由此，在出口、投资和消费三驾马车的牵引下，中国的GDP由1978年的3679亿元到2022年的121万亿元，增加了329倍，近45年的时间平均年化增长率达到9.2%，创造了人类历史上前所未有的经济增长奇迹，可谓"前无古人"，而且这一奇迹建构在五千年中华文明沉淀下的吃苦、耐劳、守纪律的群体文化上，融合了天时、地利、人和等诸多因素，难以复制，又可谓"后无来者"，所以这一阶段也可称为"千年一遇"的增量市场时代。

时势造英雄。面对千年一遇的增量市场时代，中国各行业迎来了爆发式黄金增长期，高峰时行业平均增长率在20%以上，企业生意好到躺着都能赚钱，那真是一段快乐好时光。中国各个行业都有一批时代英雄，把握住了这一机遇，快速做大，挤入行业第一阵营，甚至成为翘楚、龙头。总结这一阶段成为行业龙头的企业，它们在发展模式、策略以及组织管理上，大都表现出如下规律。

一、发展模式：模仿、消化、创新

在增量市场阶段，行业领军的企业大多采用了"模仿、消化、创

---

① 1993年，我国取消粮票，终结了粮食统购统销制度。

新"的发展模式，其中又包括三种具体的方式。

在竞争中学习+因地制宜开拓创新。中国开放后，一大批国外先进企业涌入中国，它们带来了先进的经营理念、模式、方法和技术、产品，很多也迅速占领了国内市场，甚至获得了暂时的垄断地位。此时，一批本土优秀企业，避实击虚，采取"农村包围城市"的策略，寻找跨国公司不屑做、无力做的空白、鸡肋市场，扎根、夯实，在积蓄好能力和势力后，展开正面竞争，蚕食跨国公司的优质、核心市场，进而一举超越。在这个过程中，领军企业一面在竞争中向先进的跨国企业学习，一面充分发挥本土企业深谙中国国情和实际的优势，创新营销模式，甚至开创了中国式营销及管理的模式。

引进全球标杆+消化吸收。对标全球标杆企业，积极学习、引进其商业、运营模式甚至产品等。国外企业开发和运行成功的模式，可以帮助国内企业减少试错成本，而且这种方式很容易得到投资者的认可，投资者甚至会问"国外这种模式成功了吗？"，其中最典型的就是早期的互联网产业，京东对标学习亚马逊，百度对标学习谷歌等。

引进跨行业的先进成功经验。将国内别的行业，尤其是领先行业，被证明行之有效的营销、管理等模式，引入本行业，消化、吸收并进一步改造。而率先引入成功的企业，往往会形成对本行业其他企业的降维打击。例如，家电行业的营销模式和管理创新，在中国消费类各行业中居于领先位置，四川家具代表企业，如全友、掌上明珠等，在行业内率先引入，消化吸收，创造了针对中国三、四级市场独具特色的营销和渠道管理模式，一举带动了整个四川家具板块的崛起。

二、发展策略：跑马、圈地、取势

面对高歌猛进的增量市场，大多数领军企业在这一阶段采取了"规模、速度"优先，即所谓"跑马、圈地、取势"的发展策略。

跑马：在增量市场时代，市场犹如一块正在快速变大的蛋糕，"抢字诀"是关键策略和打法。企业之间比拼的就是谁更能抢，谁的速度更快，谁更勇猛。快就是要对市场需求快速反应，哪类、哪款商品畅销，企业就会快速学习、模仿，快速供应市场。对市场需求反应最快速、最有狼性的企业，往往发展最快，抢占的市场份额最大。

圈地：就是大胆投资关键成功资源。关键成功资源是制约企业快速发展、做大规模的瓶颈要素，往往具有高价值和稀缺性。增量市场时代，不同行业的关键成功资源不同。对于消费品行业来说，优质的渠道和经销商是关键成功资源之一。所以我们总结中国本土崛起的消费品龙头企业，往往会发现一个共性特征：它们大多是在增量市场时代，把渠道作为驱动增长的关键手段，大胆投资渠道，掌控优质的渠道和经销商，给予渠道和经销商富有挑战性和激励性的收益分享方案，再配套权威媒体狂轰滥炸，掌握传播的制空权。而对科技公司来说，专业技术人才是制约发展的关键成功资源之一。所以，在国内电信市场爆发期，华为曾对国内一流高校的电信相关专业应届毕业生，采取"一网打尽"的策略，垄断了资源的同时，也打击了竞争对手。

取势：在增量市场时代，虽然行业中充斥着大量的中小企业和新进入者，但是由于蛋糕始终处于快速变大状态，企业之间的竞争实际上并不算激烈，各行业中的上、中、下游企业都分享着增长红利。由于存在较大的信息不对称，客户缺乏真正的比价能力，此时行业毛利较高，大部分企业能赚到钱。加之，"有吨位才会有地位"，体量大乃至成为龙头，企业才更容易得到政府的青睐和政策、资金等的倾斜支持，所以"更大销售规模，更快销售增速"成为这一阶段很多领先企业的主要经营目标：铺摊子、上规模，快速在全国扩张。有项目就上，有客户就抢，也导致"捡到锅里就是菜，萝卜多了不洗泥"的问题出现，增长的红利虽然有时可以掩盖住这些问题，但也给企业埋下翻车、爆雷的隐患。

●●● 案例分析：四川家具的崛起

以全友、掌上明珠为代表的四川家具崛起，可以称为增量市场时代中国家具行业最大的"地缘事件"，一举改变了由广东、江浙、东北及河北、山东区域组成的传统中国家具产业版图。他们创新行业打法，在中国家具三级（地级城市）、四级（县、乡镇）市场建立起了有别于一级（北上广深）、二级（省会核心城市）市场的系统优势，其别具一格的渠道开发、管理模式，全屋家具模式，大店模式等，引得行业内一大批企业学习、效仿，推动和影响了行业的发展，也使其成为"时代的英雄"。

中国广阔的国土面积和庞大的消费人群，使消费者的行为、偏好存在显著的区域差异化，这使得多层级市场共存成为中国大市场的突出特征。尤其二十年前，以北上广深、省会及中心城市为代表的一二级市场，和以地、县级城市，乡、镇为代表的三四级市场，因为在经济发展水平、消费者购买力和行为偏好、资讯获取、交通和物流条件等方面存在巨大差异，而形成了两个"事实上"泾渭分明的市场：一二级市场消费者购买力强，成熟度高，有较强的品牌意识，同时有一大批实力强、专业化程度高的经销商，他们全权负责物流、仓储、经销、零售；而三四级市场消费者购买力弱，对价格敏感度高，成熟度偏低，同时物流不方便，缺乏能力强、专业化程度高的经销商、零售商群体。此时，中国传统家具制造集群地的领先企业，面对一二级市场爆发式的需求以及忙不过来的海外订单，对和一二级市场环境迥异的三四级市场，既无力也无心（甚至是不屑一顾）去开发。

然而，随着三四级市场消费者购买力持续提升，消费者成品甚至品牌家具消费意识不断增强，以及中国城镇化持续推进，大量农业人口进城购房、置业，让中国三四级市场成为巨大的蓝海，等待人们去拓荒。掘金者就是以全友、掌上明珠为代表的，来自成都周边的一批具有创新、开拓意识的四川家具企业。

这些企业依然遵循增量市场时代以"渠道"驱动的增长模式，但是积极引进、学习、消化家电行业业已成熟的"深度营销模式"——一改家具行业渠道开发以展会招商为主的等客上门模式，采用人海战术，主动出击，自建渠道，捷足先登抢占三四级市场最优质的经销商资源；针对三四级市场经销（零售）商能力弱、专业性差的问题，深度参与、赋能终端的运营和管理，提供贴身、跟进服务：用开业爆破、促销、摆场、销售员培训、门店进销存指导等方式，打通、掌控终端，保证经销（零售）商的强执行力；主动承担起物流、仓储的责任，在全国范围内布局中心仓、分仓，降低经销商的经营难度，同时保证物流、信息流的流转高效、通畅。

在产品力上，这些企业针对三四级市场消费者价格敏感、购买力相对较弱的特点，设计了"全屋家具+大店模式+推式供应链+促销爆破"环环相扣的精妙组合，具体如下。

全屋家具：针对三四级市场消费者的审美特点和偏好，设计和提供涵盖客餐厅、书房、卧室的全屋家具，品类上不仅包括柜、床、桌、椅等硬体家具，还包括沙发、床垫等软体家具；风格上从中式、美式到欧式、韩式，从仿古、奢华到现代、简约等，多风格、多系列，几乎无所不包。

大店模式：利用三四级市场房租价格便宜的特点，建立大店，占地面积小则2000～3000平方米，大则5000～10000平方米。

推式供应链：大规模（原料）采购、大规模销售，以排山倒海之势，压向终端。推式供应链放弃了对市场、终端需求的精准预测，本质上是以产品为中心而非需求为中心的供应链模式，它高效运转的逻辑是"以规模换价格，以价格换速度"。推式供应链是一种落后的供应链模式，但是在企业管理精细化、信息化水平低，客户不成熟且对价格敏感的特定时期，它虽然粗放但不失为一种行之有效的模式。

促销爆破：推式供应链有效的关键，不是表面的供应链模式，而是支撑这一模式的销售和竞争力模式，"促销爆破，终端搅动"则是其中的关键之笔。"三天一个小活动，五天一个大活动"，以动销为手段，保证产品流如排山倒海的洪水般畅通无阻地涌入市场。

而在品牌力上，四川家具企业则打造了"高空做云、区域做雨、终端接水""掌握制空权、炮火覆盖、陆军抢滩"的高效传播体系。高空传播，以过人胆识，斥巨资投入央视等强势、权威媒体，获取传播霸权；区域传播，在三四级市场，尤其在县级城市狭小的市场空间，采取密集饱和轰炸模式，"一个传播，满城皆知"；而终端则在空中、炮火的支援下，快速跟进，攻克市场，形成了"陆、海、空""云、雨、端"的高效协同。尤其需要指出的是，在基于渠道的增长模式下，品牌打动的主要对象不仅是消费者，更是潜在的经销商群体，通过品牌造势，建立起经销商对企业实力的信心，从而达到对经销商引流的目的。

四川家具企业抓住了中国三四级市场井喷的市场需求机会，"跑马、圈地、取势"，快速完成了全国布局。它们紧扣"渠道为王"的增长关键要素，率先抢占优质的经销商资源，以规模打造低成本，以"全屋+大店"打造大客单，以"云、雨、端""陆、海、空"的品牌传播组合助力渠道和产品。这个曾经被行业忽视的群体，在曾经被不屑一顾的三四级市场上，打造出中国家具行业增量市场时代一道亮丽的风景线，其代表企业全友、掌上明珠等的规模，快速超越行业领先的老牌企业，跃居行业前茅，四川家具板块也一举崛起，成为中国家具版图的新一极。

三、管理模式

增量市场时代，能够快速抢占市场、做大规模、拔得头筹的领军企业，在组织上，大多有"老板一人战略决策""个人执行力强""老板英明、员工用命"的特征；在管理上，则有着老板事无巨细、亲历亲为的人治痕迹，以及快速发展下粗放、草莽的管理气息。

此时，企业的规模还普遍不大，外部的机会和增长点也比较容易辨识，环境对决策失误的包容度相对较高，面对"井喷式"爆发的市场，企业需要"快速决策、快速执行"，所以领军企业在组织重大决策上，大多是老板一个人想、一个人说了算，相比较而言，"听大多数人意见，和少数人商量"的民主决策方式，有时反而会贻误战机。因此，增量市场时代，领军企业不乏这样的经历：正是因为老板力排众议甚至独断专行，决策和推动企业进入新赛道，开拓新业务，进入新市场，改变商业、运营和生产模式等，企业才赢得了新的增长机会，踏上了更高的发展平台。

这一阶段，领军企业往往都有极强的个人执行力，这和以下因素密切相关：老板强势，说一不二，是一竿子插到底的领导风格；重结果，强执行，军事化的组织氛围；富有竞争力和想象空间的奖金、分红，所谓"奖得心花怒放，罚得胆战心惊"的激励、奖惩措施。一批有军人相关经历的企业家正是在这一阶段冉冉升起，开始熠熠生辉。

此时，虽然一些快速增长的企业在对外宣传时，把自己的成功包装成是管理优秀的结果，但很多不是事实：大量企业缺乏基础数据，专业管理水平低；目标基本靠拍脑袋，不知道商品卖给谁，算不准哪类商品赚钱、哪类商品不赚钱；产品设计基本靠抄，生产计划跟着感觉走，产品技术更新快的行业如手机、电子产品等，缺货严重；更新慢的产业，就用高库存、慢周转来解决及时交付和不断货问题；大量成品库存成为"呆死料"，没有编码、说不清楚；企业研发投入少、效率低，大量研发或胎死腹中，或投放市场后因成本高、推出滞后而失去竞争力；产品虽然价格低，但质量差、性能不稳定。很多企业的状况甚至是"惊人的增长，惊人的混乱"。

"在混乱中快速成长"是增量市场时代大多数领军企业的原生态，而且"管理适度滞后于经营"也是在增量市场时代，被大多数领军企业证明的科学、合理和行之有效的企业成长原则。管理适度滞后于经营背后有两层含义。

1. 管理不能够领先于经营

"是药三分毒"，管理是以解决问题为导向，以对个人行为施加约束的制度、规则、流程、标准的形式存在的，因此会带来摩擦、冲突乃至内耗，无可避免地会牺牲一定的团队活力和员工积极性，降低对市场的灵活性和反应速度。过度管理甚至会导致丧失市场机会，阻碍新业务的发展和企业的生存。

相较存量市场，在增量市场上增加市场份额的单位投入资金需求度低，因此企业可以轻装上阵，保证团队活力迸发，借势增长、顺风飞扬，打造增长势能是至关重要的，所谓"把握机会第一，解决问题第二"。此外，老板的时间和精力是企业最宝贵的资源，他关注到哪里，企业的资源自然会倾斜到哪里。增量市场时代，老板投入经营相较于管理，边际收益更大。事实上，一些把主要精力放到内部管理上的企业，因为投入经营的精力不够，而错失了千载难逢的增长良机。但就具体行业来说，也有诸多差异，对于管理精细化要求高的行业，在进行经营扩张之前，夯实管理精细化的标准体系是至关重要的，否则极易出现一放则乱的问题。

2. 管理不能严重滞后于经营

管理固然不能领先于经营，但也不能严重滞后于经营，否则后果更为严重：轻则库存高企，采购、制造成本居高不下；质量差、退换货占比高；交付不及时；研发低效；跑、冒、滴、漏和浪费严重，侵蚀利润；客户满意度不高；重则，文化和价值观沉沦，员工为短期利益不择手段；风控机制缺位，重大决策没有制衡，企业高速下翻车脱轨，万劫不复。

增量市场时代，优秀企业的做法是经营优先，以把握快速增长的机会为中心，不鼓励过度管理和将主要精力和资源倾斜到管理精细化上，但也绝不允许管理和经营脱节。同时，优秀企业往往在此阶段就积极引入第三方管理智慧资源和外部专业管理人才，循序渐进搭建专业管理体系。一方面，因为在增长期推动组织管理升级和变革，以及解决历史遗留问题难度相对较小；另一方面，逐步将增长动能由外部机会转型为内部能力，有利于企业即使进入存量市场时代，仍然能够保持高质量的增长。

存量市场时代

中国经济在高歌猛进四十年后，人口数量、年龄和身份结构红利，全球产业移入，城镇化和房地产发展等推动经济高速增长的传统力量开始逐步减弱甚至消失。中国GDP的增速也从超过8%的高速增长期，步入3%~6%的平缓增长期。

从人口数量上看，2022年中国人口达到顶峰，2023年人口出生率为6.39‰，人口自然增长率为-1.48‰。而从人口的年龄结构上看，15~65岁人口占比在2010年达到最高的74.15%，这一年龄区间人口数量在2013年达到10.1亿人的峰值，其后开始逐年减少。

随着劳动力供给数量减少，劳动力成本快速攀升，中国劳动力成本的比较优势开始明显降低。2012年以来，部分低附加值制造业向劳动力成本更加低廉的越南、缅甸、柬埔寨、马来西亚、印度甚至非洲等地区转移，开启全球第四轮产业大迁移，而中美之间的对抗冲突，又加速了这一趋势，部分全球布局的外资企业也在重新调整生产布局，在中国内地的产量份额持续回落。

而从城乡身份结构红利上来看，2020年开展的第七次全国人口普查结果显示，中国居住在城镇的人口为9.02亿人，占比63.89%。"2020

年以后，城镇常住人口年均增量将逐步下降，2035年后进入相对稳定发展阶段，中国城镇化率峰值大概率出现在75%至80%之间。"[1]

随着2016年12月的中央经济工作会议明确将"房住不炒"作为房地产政策的主基调，支撑房地产超前、过度开发，房价过快、过高增长的金融属性被剔除，以及随着人口增长停滞、城镇化速度放缓，房地产行业不可避免地步入挤泡沫的下行阶段。

此外随着人口增长停滞，消费者初级需求已被极大满足，庞大的国内消费基数很难再像增量市场时代那样，能够有10%以上的增长（剔除通货膨胀影响）。而互联网经济对消费的拉动作用，也随着互联网渗透率的增速趋缓，以及互联网平台成为社会基础设施，传统互联网行业步入发展成熟期，而逐渐式微。

---

[1] 中国社科院人口与劳动经济研究所.人口与劳动绿皮书：中国人口与劳动问题报告No.22[M].北京：社会科学文献出版社，2021.

第二节
存量市场时代的挑战和应对

未来十年，我们将面临一个复杂、动荡和不确定的外部政治、社会和科技环境。中国的崛起挑战了美国在全球的政治、经济、科技和金融霸权，也动了西方资本主义发达国家的蛋糕。美国开始组织在科技、贸易、政治上，对中国进行疯狂打压，并深度干预两岸统一，阻挠中国民族复兴的进程，全球进入中美博弈时代，世界政治格局面临百年未有之大变局，对企业的直接风险就是市场和科技的脱钩、供应链的断裂，以及地缘冲突的加剧。此外，人类对自然环境的过度开发和破坏，导致全球气温上升，疫情、破坏性天气等灾害正在以前所未有的频率和烈度爆发。在科技方面，ChatGPT的横空出世，标志着人工智能（AI）技术进入了发展的快车道，开始渗透和深入影响社会和生活的方方面面，传统大量商业场景和模式将会被颠覆和重塑。

对于国内市场来说，人口数量下降和老龄化带来的劳动力短缺以及消费增长受阻，将会长期、渐进地影响各个行业。而大部分进入存量市场阶段的行业，还要面对消费者日臻成熟、产业集中度提高、钱难赚和内卷严重的挑战。

一、消费者日臻成熟

在增量市场时代，虽然一些企业也在宣传"以客户为中心"，但是本质上是以"产品"为中心，只是通过品牌、广告、价格、包装的区隔定位，为客户提供"无差别"的产品（这样既可以降低产品管理的难度、复杂度，又更容易发挥产品的规模效应）。因为这一阶段，客户成熟度往往不高：一方面客户需求多处于从无到有，功能满足的初级需求阶段，同质化特征明显；二是缺乏判断和比较能力，感性、冲动消费占比较高，容易受到广告、促销、导购甚至包装等的影响，所以出现了所谓"不买好的，只买贵的""标价300元的衣服卖不动，但改为800元反而卖得好"的奇葩现象。

然而，在互联网的加持和赋能下，消费者快速成长，变得日臻成熟。他们一方面洞悉自己的需求，追求个性化的价值，不盲目从众，不再容易被诱导；另一方面询价能力变强，消费更加理性，货比三家，尤其是借助互联网强大的信息查询和比价能力，即使去线下店购货，也要先上网查一下价格，甚至在商品评论区看一下其他消费者的评论。近些年流行的"消费升级"概念（注意，经济下行导致购买力下降而非消费降级），本质是客户成熟后的需求升级、消费分级。消费者的需求关注点不再只停留在初级的功能需求上，而是基于个人偏好，追求个性化的需求。对企业端（TO B）市场来说，客户越来越专业，供应商和客户之间的信息差越来越小，并且随着大量乙方员工入职甲方企业，甚至出现甲方比乙方更懂专业的现象，乙方靠信息差赚钱的模式越来越难以维系。

二、企业数量减少，产业集中度提高

进入存量市场时代，大部分传统产业也相应步入成熟期，行业增速放缓到个位数，甚至停滞、缩减。近些年，政府推动的供给侧改革，三年疫情，加速了小企业、不规范企业的快速出清，企业数量快速减少，行业集中度提高，某些门槛低、竞争惨烈的行业，甚至进入到"剩者为王"的时代。

规模大、综合能力强的大型公司构成了行业的主体；而规模不上不下、没有特色的中型公司，处境尴尬，面临发展乃至生存的危机。在某些行业，大型公司甚至已经形成某种形式的垄断，游走在反垄断法规的边缘。

三、钱难赚，行业内卷严重，经营风险加剧

近些年来，企业面临的外部环境日益复杂、多变和严峻：客户越来越成熟和理性，信息不对称的"红利"消失；上游供应商集中度提高，谈判能力加强，加之全球政治不稳定，带来能源价格上涨、波动加剧甚至断供风险；GDP增速放缓，整个社会步入"钱难赚"时代；客户、项目变少、变小，而且优质客户占比下降，不赚钱的客户甚至风险极大的客户占比提高；市场供需失衡，僧多粥少，内卷严重，利润走低；企业经营风险陡增，收款风险加剧，失败、倒闭比例大幅度增加。

存量市场时代，行业增速下滑，竞争加剧，内卷严重，因此相较于增量市场时代，相同增幅的收入边际利润会大幅度下降，尤其对于管理

能力严重滞后于经营水平、差异化程度低、没有护城河的企业，一味强调规模和收入增速，往往是以降低价格和牺牲客户、项目质量为代价的，会带来利润的下滑甚至巨大的风险。所以首先企业要调整指挥棒，从增量市场时代"规模、增速"优先，转变为"利润、现金流、效率"优先，对外获得有质量的收入，即有利润的收入和有现金流的利润，对内控制成本，减少浪费，提升效率，在灰犀牛逼近，黑天鹅突袭下，保证能够"活下去"，从而以内部的确定性来应对外部不确定的风险。

其次，企业要真正实现由"外部机会牵引"向"内部能力驱动"的增长模式转型。在存量市场时代，企业期望在不牺牲利润、不提高风险的前提下，保持合理的增速，实现有质量可持续的增长，就需要升级管理，夯实组织能力，细分市场，以目标客户为中心，打造差异化的竞争优势，在强竞争的市场环境中实现"不战而胜"。

此外，企业要放开视野，突破边界，积极谋划、布局增量市场。具体可以包括以下三个方面。

（1）**在危中找机。**如在政治危机中找"国产替代"，在气候危机中找"新能源"，在人口危机中找"老年人市场"，在技术危机下找"新模式、新产品、新方法"等。

（2）**在存量结构中发现机会。**存量市场同样存在增量的机会，只是不像增量市场的机会那么浮在表面显而易见，而往往隐藏在表面以下的结构中，需要通过市场细分才会发现。

（3）**积极布局全球化。**对于中国企业，走出国门、全球布局将成为大势所趋。参考日本企业应对劳动力减少，消费停滞的策略是"积极走出去，在全球范围内找增量机会"。1995年至2018年期间，在实现股东回报率超过10%的14家日本高市值公司中,有12家公司40%以上的收入来自海外市场。[1]

在存量市场时代,适用于增量市场时代的企业发展和组织模式,都需要发生根本性改变。一方面,企业增长的机会不再浮于表面,清晰可见,需要分析、挖掘、选择、布局和规划;另一方面,创造差异化价值,构建竞争优势,将能力建在组织上,打造强大的组织能力,成为企业持续增长的根本动力。

---

[1] 里维斯. 动态商业战略[M]. 孙金云, 译. 北京:中信出版社, 2024.

| 第二章 |

Chapter 2

存量市场时代的增长逻辑——
破界、结构、优势、能力

存量市场时代，企业增长的难度大大加大。面对和增量市场迥乎不同的环境，企业增长的动能也由"外部机会牵引"变成"内部能力驱动"，由此增长的逻辑和手段也发生了根本性的改变。

第一节
向创新破界要增长

对于创新者来说,"没有存量市场,只有存量思维"。创新就是要求企业在战略层面上做不同的事,用不同的方式做事,这是实现增长的根本动能,也是企业的"灵魂"所在。

存量市场时代,环境对创新的要求不是更低而是更高了,因为企业面临的外部环境因素并没有因为经济增长放缓而变得简单和稳定,反而变得更加复杂和动荡。

如科技方面,数字化和人工智能时代的到来,不仅触发了运营模式的创新,更深刻改变了很多行业的底层逻辑,重新定义了行业边界;政治方面,地缘政治冲突加剧,既带来高关税、供应脱钩断链的风险,也带来产业链外溢推动新兴国家快速发展以及"国产替代"行业蓬勃而发的机会;经济方面,新旧经济增长动能转型、换轨,代表传统行业和模式的企业市场在减量萎缩,但代表新质生产力行业和模式的企业赢得增量市场机会;社会方面,经济转型换挡无可避免地给社会带来经济增长放缓、财政困难、结构化失业、购买力下降等冲击和痛苦,而更加成熟的客户,对产品提出更高性价比以及省时、省心、有品位等更高要求,同时在数字化技术的加持和助推下，围绕客户生活方式的存量需求在加速融合，新的增量需求和场景不断涌现。

面对未来更加复杂动荡的环境，企业如果只是固守传统边界，用老模式和老产品服务原有的一亩三分地，路只能越走越窄，甚至面临生存之虞。所以，存量市场时代，企业更需要放弃因循守旧、画地为牢的守城心态，打破对行业假设的边界，打破自我设限的国家区域边界，以创新应变。

打破对行业假设的边界

"比存量市场可怕的是存量思维"，存量思维的典型特征就是依据目前的产品和服务，给自己打上行业的标签，继而约定俗成地把业务局限在行业边界的一亩三分地里。存量市场要建立增量思维，首先就需要摆脱既定行业划分的束缚。不管是产业层的农业、工业、服务业，还是行业层的汽车、手机、家具等，本质都是基于产品和服务的物理属性进行分类，以便于满足工业时代分工组织和管理的需要。企业如果继续将增长规划建构在既定行业划分的逻辑上，无疑是画地为牢、自我设限，所以企业需要以内部自定义代替外部他定义，用客户底层需求来取代产品逻辑，以信息和数字化技术的发展趋势来重新确定企业所属的行业范围。

一、以客户底层需求而非产品来重新定义行业范围

哈佛商学院教授西奥多·莱维特（Theodore Levitt）在他著名的

《营销短视症》一文中，尖锐地指出，一些铁路公司陷入困境的本质是把自己定义为铁路业，而客户需要的是运输，当铁路运输需求停止增长时，客户对其他运输方式的需求并没有减少；电视的流行也曾经让众多好莱坞电影公司陷入绝境，因为这些公司把自己定义为电影业而非娱乐业，狭隘的视野让电影公司视电视为威胁而非业务扩张的机遇，以产品而非客户需求为导向来错误定义行业范围是上述公司失败的关键原因。

反观全球最大制药公司之一的德国拜尔，其最早只是一个生产染料的公司，偶然的一次机会，拜尔公司发现某些燃料能够让特定的细胞染色，这一发现让拜尔公司可以把药物装载到染料上来杀死病菌，拜尔公司遂转型为医药制造公司。拜尔公司之所以能够如此灵活地转型，正是因为拜尔公司从来没有把自己定义为染料行业的制造商，而是超越行业边界，把公司使命定义为"用化学制品来改善人类生活"，以后更进一步升级为"科技创造美好生活"。

郭思达（Goizueta）对可口可乐公司的再造也一直被战略界视为"重新定义市场"的经典案例。面对可口可乐已经占据全球可乐市场35.9%的份额且增长乏力的现状，郭思达在任职调研后，面对管理层做了5分钟堪称商业史上经典的演讲，"我们的竞争空间是消费者的肚子而非传统的可乐市场份额""公司在消费者的肚子份额只有3.12%"，公司由此开始将单一的可乐产品扩展到运动饮料、咖啡、茶饮料、果汁、纯净水等多领域，也由此开启了快速增长之路。

在数字化浪潮冲击下，尤其是身处存量乃至减量市场中时，如果我们不想像上述随着行业萎缩而深受其害的铁路和电影公司一样，我们就需要认识到"本没有所谓的行业，有的只是源源不断的社会与用户的需求",回归客户底层需求角度来重新思考企业的使命才是破局之道。例如,对于传统家具行业企业,或许我们需要问自己"客户要的是家具还是生活方式?";对于传统图书出版企业,或许我们需要问自己"客户要的是图书还是优秀的知识?"。

二、在数字化、智能化重塑中重新定义行业范围

科技尤其是数字化、智能化技术的创新和发展,一方面通过提供新场景、新方式和新手段,来更好(便捷、便宜、安全、环保)满足客户的原有需求,例如大数据和云计算等数字化技术创造了共享单车这一新模式和产品,满足了最后两公里上班和回家的需要;另一方面也在创造新需求。数字化和智能化在创造了新行业和新市场的同时,也在促进传统行业之间的融合。行业边界和竞争壁垒的弱化甚至消失让企业重新定义行业范围,从跨界中获取新的增量机会(如图2-1所示)。

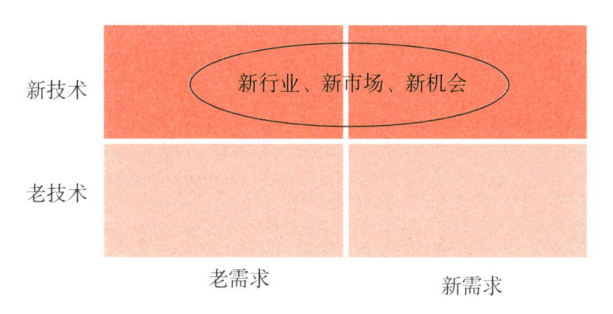

图2-1 新的技术和需求创造新的增量机会

在数字化和智能化技术创新下,传统手机行业边界模糊乃至和汽车行业开始融合的例子最为典型。苹果打败诺基亚,不是模仿对手而是携

智能技术打破行业边界，重新定义了手机的未来，目前手机80%的功能和通话无关；摄影功能跨界颠覆了照相机行业，播放功能跨界颠覆了音乐产业。而在AI和物联网技术的支撑下，汽车也由传统的交通工具，被重新定义为"帮助人类从A点到达B点的移动空间""一个互动娱乐中心""一种宽波段的影音及数据交流工具""一个工作站"，原来泾渭分明的分属通信工具的手机、交通工具的汽车，开始共同归属为移动智能终端，并协同为消费者构建沉浸式体验的全场景。汽车产业链也因此变得边界模糊，主机厂开始向上延伸布局软件、算法、芯片，吉利更是通过收购魅族来进入手机行业，而像华为这样拥有AI算法和软件研发能力的ICT企业，也开始把智能汽车赛道作为重要的业务增长点，小米更是以SU7直接"杀入"整车市场，正如雷军所说："智能电动汽车已然成为汽车工业和消费电子的融合产品，如果你不干，你就落伍了。"

三、在核心能力延伸中重新定义行业范围

企业创新定义行业范围，不仅仅是从外部的客户和科技发展视角，更重要的是从内部核心能力视角。小米之所以能够成功跨界智能电动汽车行业，获得小米SU7的成功，依托的是在智能手机行业搏杀中沉淀下来的营销、研发、供应链和产品管理能力，其擅长的爆款战略、热点话题和饥饿营销等，在智能电动汽车市场中同样大放异彩。

企业从内部核心能力视角来创新定义行业范围，关键是要将展现在现有行业市场上的核心技术和能力进行行业"剥离"，提取出可以跨行业使用的通用技术、资源和能力。我们可以用"能力树"来描述这一关

系："树叶"就是在行业市场上展现给客户的产品，"树枝"则是隐藏于产品中服务于本行业的技术和能力，"树干"则是可以抽离出本行业的核心技术和能力，而且越往下，越接近树根，越具有跨行业的延展性。

日本著名企业富士和本田都是沿着核心能力自设行业的典范。在胶卷行业遭受数字科技颠覆式冲击走向衰落甚至消亡之时，同为行业霸主的柯达提交破产保护，而富士则浴火重生，将在胶卷行业沉淀下来的胶原蛋白、抗氧化、纳米分层渗透等技术能力，延伸到半导体、化妆品、医疗等行业，成功跨界创造出全新市场；本田则一直被战略学家视为核心能力驱动增长的"模范生"，本田将发动机和传动技术，乃至经销商、产品研发管理等核心技术和能力，从摩托车行业一直扩展延伸到汽车、除草机、弦外发动机等领域，取得了巨大成功。

打破业务发展的国家区域边界

越来越多的中国企业走出国门进行全球化布局，将是大势所趋。过去，因为中国国内市场广阔庞大，国内市场的钱都赚不过来，企业自是无暇顾及国外，但现在，一方面企业面临国内惨烈的内卷、低迷的市场环境以及地缘政治冲突带来的高关税等风险，另一方面改革开放四十多年中国已经沉淀了傲视全球的制造和供应链优势，在"全世界内卷最激烈的市场"中企业也打造了能力，练就了本领，因此打破业务的国家区域边界，积极布局全球化，利用好资源、能力和禀赋的优势差，在全球复制和发扬光大，将是众多中国企业保持业务持续增长的关键举措。

就全球化战略而言，如果将利用中国廉价劳动力和制造优势，采用原始设备制造商（OEM）、原始设计制造商（ODM）贴牌开拓国际市场比作全球化的初级阶段，那么现在中国企业的全球化已经进入输出品牌、模式、管理、技术和人才，本地经营（研发、制造和营销），全球资源整合的高级阶段。全球化战略进入高级阶段的企业将坐拥四大优势：供应链和市场风险分散、成本和利润可控、产品和服务更接地气、全球人才和技术共享，典型成功代表有华为、海尔智家、字节跳动等。其中，华为的海外营收在2008年最高占比达到75%，至2023年，华为在全球有16个主要研发中心，28个创新中心，产品在170个国家销售；海尔智家2023年海外营收1357亿元，占比52%，并且全都来自自有品牌，在全球有10+N个研发中心、34个工业园、117个制造中心、126个营销中心及23万个销售网络；字节跳动旗下的"TikTok"覆盖全球150多个国家和地区，2022年全年，TikTok以6.72亿次下载量位居全球第一，是2022年度全球最受欢迎的应用软件，截至2024年3月，TikTok美国用户达到1.7亿人。

案例分析：华为全球化实践的总结及其启示

华为为什么被视为中国科技业的排头兵？其中关键在于华为在高科技领域，率先实现了全球化经营，并在全球范围和世界级竞争对手的竞争中，获取了竞争优势，占据了领先地位。

华为走出国门也属形势所迫，20世纪90年代中后期，华为一方面深陷和跨国电信设备巨头的惨烈的价格战，面临中国世贸谈判全面开放电信业的危机；另一方面国内电信运营商重组，互联网泡沫破灭导致市场需求下滑，再加上自身技术路线误判，导致自身面临市场被中兴、UT斯达康等围剿、蚕食的窘境。

华为在国内市场面临内外夹击的情况下，认识到最好的防守是进攻，唯有开辟第二战场并取得成功，方能扭转竞争中的被动局面。背水一战下，任正非在2001年1月18日欢送海外将士出征大会上的讲话中，发布了"雄赳赳气昂昂，跨过鸭绿江"的号召，这也标志着华为的全球化由小分队试水（1996—2000年）进入成建制全面开发阶段（2000—2005年），重兵投入加之全球电信市场迎来复苏，华为终于在俄罗斯、东南亚、中东、非洲等国家和地区的市场上撕开了口子，实现了全球市场的点状突破，在2002年实现海外收入5.52亿美元的基础上，逐年翻番，至2005年华为的海外销售收入超过国内销售收入，达到总销售收入的58%。从2005年到2013年则是第三个阶段，在这一阶段，随着全球化能力的提升，华为全面攻占发达国家市场，赢得了海外主战场的胜利，并于2013年超越爱立信成为全球通信设备行业的老大；而从2013年至今，华为进入全球领先和资源整合的第四个阶段，消费者业务异军突起，华为成为全球领先的ICT（信息与通信）基础设施和智能终端提供商，并进一步完成了在全球范围内资源（研发、人才、供应链等）的整合和布局，在全球先后成立了数十个COE能力中心（Center Of Enable），以及在全球人才高地建立起了大量的研究所、联合实验室、开放实验室（Openlab）等机构。

华为从"走出去""走进去"到"带出来"，成功转型为高科技领域的全球化公司，其全球化的试错、摸索以及成功经验，对于目前正在和已经踏上全球化征程的中国企业来说，弥足珍贵，值得借鉴。具体可以归纳总结为以下四点。

第一，在斗争中学习斗争，快速补齐短板。

华为出海后即遇到销售、方案和交付脱节，合同履约风险高，合同及时齐套率低，项目中标率低，财务和业务脱节，管控滞后等严重管理问题，以及来自西方发达国家电信运营商苛刻准入认证的严峻挑战。华为以问题和差距为契机，在斗争中学习斗争，倒逼全面提升组织和产品能力，通过出海使企业的管理实现了第二次质变。

这给我们的启示是，企业出海首先要夯实管理内功，做好人才储备，如果企业自身管理太拉胯，无人可派，那出海将面临巨大风险。当然，企业也不可能等到准备得万无一失了再出海，因为企业出海，一定都会遇到在国内市场没有遇到的风险、困难和挑战，既可能是来自海外不同的用工、产业、税收等法规政策、文化习俗和政商环境，更主要和根本的是内部管理和能力不能满足海外市场和客户的差异化要求，这就需要企业针对客户的需求，以及出海过程中暴露的问题，倒逼内部快速成长，一边奔跑一边建设，快速补齐管理短板，完善体系建设，从而实现业务牵引管理提高，管理反向促进业务发展的良性循环。

第二，坚守深耕和长期主义。

实践证明，企业抱着快速赚钱、赚快钱，"打一枪换一个地方"的心态进行国际化，最终都难以成功。华为在2000年之前采取的策略是"区域试水+跟着项目走的机会主义"，效果很差，直至2000年把全球调整为八个大区，把最优秀的人才派出去，配备充足的资源，扎下根来，打阵地战"屡战屡败，屡败屡战"，锲而不舍，从而打开局面，实现了突破。华为秉持长期主义，不受短期外部经济波动的影响，"在别人惶恐时贪婪"。2008年爆发国际金融危机后，借西方竞争对手纷纷收缩战线之机，华为大举进攻，从而在海外众多市场上一举实现弯道超车。

第三，选择最适合自身情况的国际化策略，复制过去的成功经验。

在出海初期试错后，华为将国际化策略和路线明确为"农村包围城市"，先选择相对不成熟，对价格敏感，对质量的要求没有那么高的国家市场，然后再积蓄能力和经验，进攻成熟的发达国家主战场；而在竞争中，华为则坚持"以客户为中心"的原则，快速响应客户需求，提供比竞争对手更优质的服务。而这正复制了华为在中国市场沉淀的成功经验，先从竞争对手不愿、不能服务的边缘市场撕开口子，发挥人力资源的相对优势，多干脏活、累活，这种打法使华为快速打开了局面，取得了巨大的成功。

第四，打造有全球影响力的品牌。

企业全球化，由低到高的三个发展梯度，分别是产品全球化、资源全球化和品牌全球化。只能实现产品全球化而无法输出品牌影响力的企业，严格意义上只是代工厂，而不能称为全球化企业。拥有全球品牌影响力，将有利于企业提高产业链中的话语权，赢得定价权，从而建构起防范利润流失的护城河，而对中国企业来说，通过品牌输出改变国外认为中国企业只能生产低端、廉价产品的刻板印象，这一点尤为重要。2004年，华为在总部建立了战略与营销部，下属全球营销部、战略规划部、品牌部，并在各地区、国家均建立了相应的落地部门。同年，华为启动了"东方快车品牌计划"并制定了打造国际主流品牌的目标。经过十年努力，2014年，华为成为第一家进入"Interbrand全球最佳品牌100强"的中国企业，位居94位。2023年，虽然受到美国在全球的围堵打压，华为依然名列排行榜第92位，成为连续10年进入全球最佳品牌100强唯一的中国企业。

除了像华为、海尔、抖音集团这样已经声名显赫的企业，还有一大批中小型企业在海外细分市场上异军突起，成为当地的一线甚至是数一数二的品牌企业。另外，与传统企业先国内后国外的全球化战略不同，一批新锐企业一开局即面向全球化市场，并且取得了巨大的成功，这其中既有"利用传统成功模式，深耕欠发达地区市场"的传音，也有"领先创新C2B模式，起点直取美欧市场"的SHEIN（希音）。

案例分析：传音——"利用传统成功模式，深耕欠发达市场"

传音是一家成立于2006年，总部在深圳但并不在国内出售产品，有"非洲之王"美誉的中国手机巨头企业。根据IDC数据统计，2023年传音在全球手机市场的占有率为14.0%，在全球手机品牌厂商中排名第三，其智能机在全球智能机市场的占有率为8.1%，排名第五。其在非洲智能机市场占有率超过40%，在巴基斯坦智能机市场占有率超过40%，在孟加拉国智能机市场占有率超过30%，在印度智能机市场占有率为8.2%。[1]

传音的全球化为什么如此成功？原因可以简要概括为："利用中国耐用消费品企业在中国市场崛起的成功模式，深耕全球欠发达市场"。其中可以分为扎根非洲和在欠发达市场复制扩张两个阶段。

第一个阶段：扎根非洲。

传音成立后，经历了两年的摸索，决定深耕非洲市场，遂在2008年6月，正式开设了尼日利亚分公司。此时的非洲市场类似改革开放初期的中国市场，消费者购买力低，商业基础设施落

---

[1] 据传音2023年报。

后（缺乏专业经销商、物流商、售后服务商等），这在竞争对手眼里"一穷二白"的市场，被传音认为是最容易突破的商业处女地。传音把自己视同本地企业，成功复制"贴近市场进行产品设计，自建渠道、物流和售后"等这些中国家电、手机行业成功企业，在中国市场上战胜国外竞争对手，做大、做强的成功策略和模式。

贴近市场进行产品设计。

1. 为了能够拍出深肤色人群的脸部细节以及在夜间实现清晰的面部识别，传音采集了海量的当地人群肤色数据进行分析，制定出本土化影像效果优化策略，开发出专属的相机、算法和智能美颜功能。

2. 为了满足非洲消费者热爱音乐的偏好，内置了手机音乐App，而且增加了外放喇叭功能。

3. 针对非洲电信运营商山头割据、跨网资费高、需要经常在不同电话卡间切换的情况，开发出了四卡四待等多卡多待手机。

4. 为了适应非洲电力不稳、经常停电的环境，开发出了最高搭载超过一万毫安超大电池的超长待机机型。

5. 针对非洲气温高的环境，特别提高了手机的抗汗性和抗腐蚀性。

自建渠道、物流和售后：与一些品牌企业把国内经销商带到非洲不同，传音在本地自建渠道，一家店一家店地跑出最早的经销商网络，恨不得做到有人的地方就有传音；在深入铺设经销网络的过程中，传音发现，"有货"和"能修"是影响消费者购买的优先选项，传音因此投入大量资金构建了自己主导的零售物流体系，并建立起以"Carlcare"品牌命名的独立售后维修服务体系。

传音最早在非洲并不是没有竞争对手，三星也在尼日利亚建立了工厂。正如欧美发达国家厂商所做的一样，三星只是把其他市场的低端机型直接拿到非洲卖。很多非洲人把传音视为本地企业和品牌，因为传音是第一家真正关注非洲人需求的手机厂商。

传音将中国互联网企业和智能硬件厂商的成功经验，结合本地实际在非洲"重做一遍"，凭借手机在非洲市场建立起来的影响力，裂变出众多的业务，形成领先的触达优势。传音旗下的itel、TECNO和Infinix三大品牌产品，分别搭载了独立开发的HiOS、itelOS和XOS操作系统，实现了软件预装以及对App的引流。其中，自主开发的音乐类应用软件Boomplay，截至2022年底，月活已经超过6800万用户，曲库规模超过9000万首，其中大部分都是非洲本土音乐版权资源，目前已经是非洲市场占有率第一的音乐应用软件。此外，还有非洲版"今日头条"Scooper、非洲版"支付宝"Palmpay、非洲版"抖音"Vskit和非洲版"UC浏览器"Phoenix……传音还在非洲市场布局智能硬件业务，包括手机配件品牌Oraimo和家电品牌Syinix。2022年第四季度，在BrandOS发布的"TOP100出海品牌社媒影响力榜单"上，中国家电公司共有五家上榜，分别是海尔、海信、TCL、美的和Syinix，其中Syinix位列第26。Oraimo在非洲TWS耳机市场的占有率已经超过了30%，排名第一。

第二个阶段：在欠发达市场复制扩张。

在非洲取得成功后，传音又将"非洲神话"复制到印度、巴基斯坦、孟加拉国、印尼等亚洲、拉美、东欧的欠发达的国家与地区。传音内部有个非常著名的口号——"Think Globally，Act Locally"（全球化视野、本地化执行）。每年传音都会设定公司级战略新市场和事业部级新市场作为市场开发的重点。在发力新市场时，传音的管理团队都会驻地数月，制定、研究和推进本地化策略。例如在印度市场，针对印度人爱吃手抓饭的习惯，传音开发了手势解锁功能，针对高端化的趋势，制定了不断"推高卖贵"的打法；在印尼市场，针对当地年轻人多，喜欢打游戏的特点，传音单独开发出易散热、高配置的游戏手机等。

2023年，传音非洲业务的营收已经降至总营收的35%，多区域布局，风险分散，让传音可以抵御任何单一区域的风险。至此，传音真正成长为一个全球化企业。

案例分析：SHEIN（希音）——"领先创新C2B模式，起点直取美欧市场"

SHEIN成立于2012年，以"自营服装品牌+时尚跨境电商"起家，其在国内非常低调但在全球市场上发展迅猛。2022年、2023年连续两年蝉联全球购物类App下载量冠军，成为被欧美年轻消费者追捧的中国企业。美国权威咨询公司Morning Consult发布的《全美十大增长最快品牌报告》显示，SHEIN与ChatGPT、可口可乐齐名，不仅位列"2023年十大增长最快品牌总榜"第四，也是唯一入选该榜单的中国品牌。据英国《金融时报》报道，2023年，SHEIN的GMV（商品交易总额）约为450亿美元，利润超过20亿美元，增速同比翻番。

SHEIN的全球化成功之道，与传音"利用传统成功模式，深耕欠发达市场"的方式恰恰相反，它的方式是：以领先创新的C2B模式，起点直取欧美的年轻人市场。SHEIN的发展历程可以划分为两个阶段：第一阶段依托中国发达的服装业供应链资源，成功打造"小单快反"模式；第二阶段通过扩展品类，打造"自营+平台"模式，进行全球资源配置来复制扩张"小单快反"模式。

第一阶段：成功打造"小单快反"模式。

小单快反（小批量、快速反应）是SHEIN创新开发的全球领先的快时尚供应链模式。这种模式会对本地市场进行实时在线数据和趋势分析，并针对所有产品以100~200件起订，如果销售趋势见好，就立刻补单，不达预期则中止生产。这种模式能够对瞬息万变的市场快速反应，充分挖掘消费者需求的同时加速库存周转，大幅度降低上下游的库存，从而建立起无可匹敌的多（款式、品类）、快（快速响应）、新（紧跟时尚）、省（价格低）的竞争优势。

传统服装行业的供应链一直深受大规模、长周期模式下高库存、反应慢的困扰。ZARA凭借强大的IT系统，用"少量现货、快速追单"的模式，实现了14天上新。相比ZARA用了40年达到这样的效率，SHEIN只用了不到10年就打造了比ZARA周转更快的供应链。拿最小起订量来说，ZARA是500件，SHEIN则是100件。这意味着同样生产3000件产品测试市场反应，ZARA只能测试6款，SHEIN则是30款，SHEIN在占用更少库存的情况下，压中爆款的概率却成倍提高，从而形成"更多爆款、更低的价格"的碾压优势，这正是SHEIN被欧美年轻人追捧的根本原因。

"小单快反"是很多行业和互联网大厂都追求的模式，但少有成功，其最大的挑战是如何深度集成并与供应商建立紧密协作关系，而这正是SHEIN在竞争中打造的核心壁垒。SHEIN花了近10年时间，深入渗透市场并整合供应链、制定统一标准、参与企划开发、安排生产排单、把控质量管理，在技术、人力、资金上赋能和支持广东成百上千家"各自为战""粗放管理"的供应商上链升级、改造和数字化转型，实现了全链生产和管理的在线化。例如，在生产过程中，厂家可以看到每个款式在做哪个工序，是不是有偏差；SHEIN则利用线上工具给出具体的质检要求，并且通过线上看板帮助工厂识别出运营问题。

第二阶段：复制扩张"小单快反"模式。

1. 利用"小单快反"进行多品类、多产业扩张，形成"自营+平台"的双轮驱动模式。

在服装行业成功打造"小单快反"柔性供应链模式后，SHEIN开始在其他行业进行复制。SHEIN经营的产品遂从服装扩大到美妆、家居、鞋履、箱包、配饰、百货、个护、电子产品、汽车装饰、运动户外、母婴用品、床上用品、宠物用品、办公学习等全品类产品，由此SHEIN的经营模式也演变为"自营+平台"的双轮驱动模式。在平台模式下，SHEIN提供自主经营和代运营两种方式。对于没有经验的卖家，SHEIN可以提供包括商品运营、物流、仓储等在内的一站式服务；而对于拥有经验的卖家，SHEIN则利用平台资源和打造品牌的成功经验模式，赋能品牌成长。SHEIN向多品类扩张的另个一原因是国内产能出海，跨境电商需求高涨。数据显示，五年来，我国跨境电子商务进出口增长近十倍，同时国内领先的电子商务发展和积累的方法论同样可以移植到全球市场，成为企业新的增长点。2023年，SHEIN

进一步推出"全国500城产业带出海计划",目标是深入全国500城产业带,提供从生产、销售到品牌的一体化赋能,将电商和柔性供应链打通,帮助产业带出海。

2. 将"小单快反"模式进行全球化输出和资源配置。

不仅局限于国内,SHEIN进一步通过收购国外知名品牌以及全球产能布局,把"小单快反"的柔性供应链模式进行全球复制和扩张。SHEIN先后收购了全球知名品牌Forever 21和被欧美年轻消费者熟知的时尚品牌Missguided。对于SHEIN来说,这一方面扩大了品牌在全球的影响力,提升了销量,拓展了用户;另一方面,Forever 21和Missguided的产品将由SHEIN生产,无疑给SHEIN供应商带来更多的订单。对于被收购的品牌来说,SHEIN领先的柔性供应链模式和电商经验,以及庞大的用户数量,也必将帮助它们提升内部运营效率,获得更大的发展空间。拿Missguided来说,以前供应链2~4周的设计、生产时间可以被SHEIN缩短到一周,海运成本也将被SHEIN大体量的运输摊薄。SHEIN在加大中国供应链布局的同时,也在把供应链拓展到全球,这样一方面距离核心市场更近,可以缩短配送时间,另一方面也可规避供应链的地缘风险。SHEIN在土耳其、巴西与约1000家制造商合作,目前SHEIN在欧盟地区有20%的销售额来自土耳其工厂,并计划在2026年实现巴西市场85%的销售额来自当地卖家和制造商。

SHEIN在利用国内服装行业优势产业链，成功打造出"小单快反"模式的基础上，进一步进行跨品类、跨品牌、跨国的复制和扩张，从而走出了一条以全球领先创新模式实现全球化的特色之路。

第二节
向结构细分要增长

"存量增长看结构",存量市场并不是没有增量的机会,只是不像增量市场的机会覆盖整体市场,而是隐藏于市场的细分结构中,企业需要深入洞察、创新引领、效率制胜,以及构建新能力,方能把握住。

一、深入洞察

存量市场的结构机会,一方面是由行业外部环境因素发生变化而触动引发的。这其中既有可能来自人口结构的变化,消费者需求和购买习惯、能力的变化,技术的迭代,以及技术和需求的相互牵引强化,也有可能来自政策的调整和扶持;另一方面则来自尚未被满足的细分市场。

因为不像增量市场时代的机会浮于表面、易于发现,存量市场时代的机会往往隐藏在市场表面下的结构中,因此需要企业以敢为天下先的勇气和创新视角,来敏锐洞察出未被关注的增量客户和潜在的新的"增量"需求。具体可以参考以下步骤。

首先是针对客户进行细分和盘点,发现是否存在被忽视或未被重点

关注的客户市场。比如，日本个人卫生和家庭清洁用品制造商尤妮佳（Unicharm）洞察到，在日本人口老龄化加剧的趋势下，成人纸尿裤这一大有可为的细分增量市场；成立于2015年的拼多多，则是在中国电商行业已形成由淘天（淘宝和天猫）和京东两大巨头垄断的竞争格局下，发现三线城市以下和价格高度敏感型这一细分市场，实现后来居上。

这里特别需要指出的是"细分创造商机"。不同的市场细分标准，就是看待市场的不同角度，就拿消费者市场而言，我们既可以按照收入、区域、年龄、性别来细分市场，也可以按照购买行为习惯和偏好来分。事实证明，善于多角度看待市场是发现增量机会的重要手段，一个创新的细分标准就有可能创造一个蓝海市场。

其次要针对细分市场客户，剖析他们的需求痛点，发现是否存在新的需求和痛点。比如，虽然受三年疫情、经济转型增长乏力等因素影响，消费者购买力下降，但是这并不能阻止新一代消费者省时、省力、有品位的需求升级，提供基于设计和生活方式的全屋一体化解决方案，成为家居行业存量市场时代新的增量需求。

据此，可以找出两类结构机会：以前未被重点关注的增量客户和新的增量需求和痛点（如图2-2所示）。

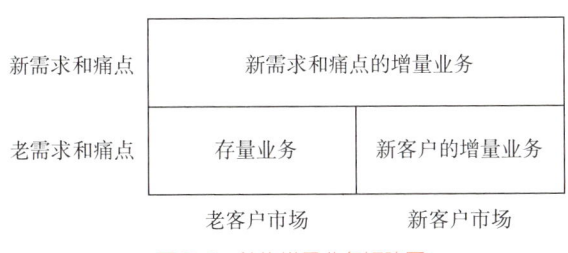

	老客户市场	新客户市场
新需求和痛点	新需求和痛点的增量业务	
老需求和痛点	存量业务	新客户的增量业务

图2-2 结构增量业务矩阵图

二、创新引领

不管企业深入洞察出新的细分市场还是新的需求和痛点，皆尚属潜在的增量，犹如刚勘测出的金矿，而要将其挖掘出来，则需要企业坚定的信念、创新引领的差异化价值和品牌定位、产品服务和供应链设计、促销引流和渠道开拓等。比如，尤妮佳在洞察到成人纸尿裤市场潜力后，在1987年就创新推出首个成人纸尿裤品牌，并且根据高、中、低三种不同失禁程度，设计出差异化的产品，从而不仅覆盖了高度失禁的刚需消费者，还将那些本来拒绝使用纸尿裤的轻度失禁用户收入囊中。至2018年，尤妮佳已经成为日本成人纸尿裤市场的领导者，市场份额占有率超过50%。

三、效率制胜和构建新能力

不同于增量市场时代竞争没有白热化、客户尚不成熟，在存量市场时代，面对"饥肠辘辘""杀红了眼"的竞争对手，任何新的增量机会，都会被快速跟进和模仿，企业之间不仅是速度的竞争，更是效率和价值的竞争，最终摘到增量桃子的，必是效率更高、为客户创造更大价值的企业。

此外，在很多行业，客户新的增量需求本质上是原有需求的升级，如从产品升级到产品+服务乃至整体解决方案的需求，从价格和功能升级到调性、品味和体验的需求。而这意味着竞争门槛的提高，企业想得到增量竞争的入场券，就必须在原有能力的基础上构建新能力。比如，泛家居行业的企业，不管是装修类、建材类、定制家具制造类、软硬成品家具制造类还是家电类企业，都看到消费者对整屋解决方案旺盛的需求，但是要满足这一新增量需求，企业必须具备整屋设计、解决方案销售以及多品类家具整合和供应链管理等能力，而对于无法跨越能力门槛的企业则只能望洋兴叹。

案例分析：拼多多——把握结构细分机会，实现后来居上

2023年，拼多多集团总营收达到2476亿元，同比增长89.68%，毛利润1559亿元，同比增长57.34%。相比之下，电商三大巨头的其他两家，阿里巴巴的营收和毛利润同比增长分别为7.28%、11.34%；京东分别为3.67%、8.59%。从市值看，拼多多已和阿里巴巴旗鼓相当，大约是京东的5倍。

2015年才成立的拼多多，为什么能够在电商行业已过爆发增长期，淘天（淘宝、天猫）和京东已成垄断之时，硬生生挤入这个貌似饱和的市场，并且后来居上？总结起来，可以包括以下三个方面。

第一，细分市场，准确定位，切入边缘客户。

拼多多以价格高度敏感型消费者作为细分目标客户，从2015年创办到2018年上市，仅三年，其活跃用户数就达到3.44亿。创始人黄峥对此的描述是："我们的船开过去发现一片陆地，这片陆地我们不知道有多大，但是我们的成长和整个数据表明，我

们发现了新大陆。因为我们的量放在这，增长放在这里。"拼多多获取如此巨大成功的关键在细分市场和准确定位，它首先从三线城市以下的边缘客户（被戏称为五环外人）切入，契合了当时的天时、地利、人和。

天时：2015年前后，中国电商行业的外部环境发生了如下三重重大变化。

1. 需：手机和网络成本下降，导致三四线城市网民数量急剧增加，他们会上网但是并没有成为网购的用户，微信活跃用户和网购用户之间存在较大的GAP（差距）。

2. 连：支付宝和微信支付得到普及。

3. 供：2015年淘宝和京东分别采取了升级供应链的行动，大量依托淘宝和京东的低端供应链企业溢出。

地利：阿里和京东的电商基本盘在北上广深，拼多多的客户群主要在三线城市以下，属于主流电商的边缘市场，所以阿里和京东没有精力也没有意愿来干预。所以黄峥曾经说，头两三年，拼多多基本没有竞争对手。

人和：新网民有线上购物的需求，但是他们往往被忽略，因为他们是价格敏感、收入不高的"五环外人"，没有话语权。

第二，创新商业和供需运营模式，为消费者提供极致性价比的服务体验。

针对价格高度敏感型细分市场客户，拼多多在需求端以社交电商、供给端以低成本供应链，创新打造以人而非货为中心的供需模式，为消费者提供了极致性价比的产品和社交娱乐的购物体验。

社交电商：和传统电商要获取流量，需要花费大量广告费不同，社交电商借助朋友推荐、拼团、一起砍价等促成下单，裂变式传播节省了商家大量的广告费，规模化购买降低了商家的成本，这让用户可以享受到更低的价格和更加丰富化的购物体验，平台也借此实现了裂变式增长，从而实现了用户、商家和平台的多赢。

低成本供应链：拼多多为高度价格敏感型客户打造了低成本的供应链，具体措施包括：

1. 减少商家入驻费用，降低供应链门槛。
2. 平台商家以一级厂商为主，减少了中间商。

在类目选择上，拼多多最初的重点放在农副产品上，这样避开淘宝擅长的服装和京东的3C，建立起从产地到消费者的"超短链"。

通过"新品牌计划"，拼多多把大量零散的客户需求整合起来，有计划地传递到厂商，通过提供一定的生产确定性和规划性，提升了供应链的协同效率，从而实现了好产品的提供以及低成本的供给。

通过"百亿补贴""百亿农研""百亿生态"，来激发消费者需求，保证供应链稳定和高质量的供给，从而形成供需持久健康的良性循环。

以人而非货为中心：传统电商（淘天、京东）是流量逻辑，主体是搜索，用户要自己去找商品，所以需要海量SKU来满足长尾需求；拼多多的核心在于用户通过参与拼团的方式去购买而不是通过搜索的方式去购买。这个模式用"社交+AI"的分发和匹配机制，推荐商品给消费者，满足各个层面消费者"对高性价比的需求"。从本质上说，拼多多是货找人，而不是传统的人找货，这是和传统电商最大的不同。

第三，效率制胜，价值领先。

零售行业的本质就是实现商品从制造、产地到客户的流转，制胜的关键就是看谁整体价值链运营的效率更高，而衡量运营效率的最核心指标就是人效（人均营业收入）。依据2023年公布的财报计算，拼多多的人效大约是阿里的4倍、京东的7倍，所以称拼多多是中国互联网行业人效最高的企业也不为过。

总结拼多多运营效率领先的关键在于：

1. 聚焦零售业务，原则简单明确。拼多多只做高频、低价、刚需的零售业务，坚决不碰其他业务。业务直接明确围绕"消费者第一、高效率、低价"原则，最终量变到质变，形成效率优势。

2. 强大的管理力。拼多多根据所处电商行业后发、确定性高、零售标准和弱创新的特点，建立起"简单化、高激励、高绩效、强执行、管理型领导力"的强大管理力。

简单化：拼多多在业务和组织上"无所不用其极"地去复杂化，消除影响工作成效的限制和干扰。

1）业务去复杂化：砍掉一切非必要的环节和功能，降低平台和商家运营的复杂性；取消一切低效和无效的过程，没问题不开会，不为与产出不直接相关的工作消耗精力和时间。

2）组织去复杂化：明确界定"本职分内事"，降低因分工混乱、责任推脱而增加的复杂性；采用最高管理层、一级主管、二级主管、小组长和员工的五级既集权又扁平化的管理；一个阶段内，关注为数不多的目标和指标；一切以结果和业绩说话，组织内部同事间不提供情绪价值。

高绩效、高激励：将工作目标清晰度提到最高，执行最具体的事情，精确量化工作成果，每个人都要"跑起来"。用高人效，带来高利润率，再用高利润率，付出高薪资，"招1个人，付3个人的钱，干5个人的活"，其薪酬水平是竞争对手的1~2倍。

强执行：个人绝对服从组织，决策坚决执行，不做解释。

管理型领导力：弱化提供情绪价值的人际领导力，突出强化"专业决策制定和决策过程管理"的管理型领导力是支撑拼多多强悍管理力的底座。拼多多通过组织简单化和对员工的高薪酬激励，来降低对管理者人际领导力的要求，但对"懂业务、深入一线"的要求却异乎寻常得高，明确管理者的特质画像是"逻辑清晰、业务能力强、认可组织、熟悉策略要求",行为画像是"强过程管理、细节专注、深扎一线"。

  行业领先的运营效率让拼多多能够为消费者提供比竞争对手更加"物美价廉"的商品和服务,消费者逐渐感受到以上的价值差异,从而最终实现量变到质变,使得拼多多后来居上,超越其竞争对手。

第三节
向竞争优势要增长

增量市场时代，面对显而易见的机会，爆发式增长的市场需求，企业赢得经营成功的关键是"快"，即快速把畅销产品推向市场，快速抢占传播制高点和优质渠道，保证产品快速供给不断货，而并非一些企业对外宣称的"以客户为中心"。企业一般会假设客户需求是无差别的，是可以轻易引导甚至操纵的，因此倾向于以通用的产品来满足无差别的客户需求，即使在表面上对产品价格、辨识度等方面做出区分，也往往是从方便供应和引导客户角度出发的。绝大多数企业在经营上采取的是以"自我为中心"的模式，不可否认，这也是它们对外部环境做出的理性选择。

但进入存量市场时代，面对不再增长甚至缩小的市场，以及更加成熟的客户，市场竞争则由弱竞争发展成为强竞争。在增量市场的弱竞争阶段，面对不断变大的蛋糕，企业之间竞争的关键在谁更快，谁更勇猛，谁就抢到得多，反之就抢到得少。存量市场时代则不同，企业之间属于强竞争关系，面对不变甚至不断缩小的蛋糕，主要矛盾变成了"这个企业增长多少，就意味着其他竞争对手减少多少"，谁的竞争力强，谁能够为客户创造更大价值，谁就会继续增长，反之不仅无法实现增长，甚至面临生存挑战。

如果说以"为客户创造价值为中心"在增量市场时代充其量还只是经营成功的充分条件，但到了强竞争的存量市场时代，则成为必要条件。企业要增长，就需要选择商业上优质且与自身能力相匹配的客户，并为其创造差异化的价值，进而形成竞争优势。

一、选择+匹配

在存量市场时代，客户成熟的背后是不同层次、类别的客户需求和痛点，这也就意味着增量市场时代假设客户需求接近、企业以自我为中心、基于管理方便性、为客户提供本质上无差异产品和服务的时代一去不复返了。

面对客户的分层、分类时代，企业必须放弃一网打尽、满足所有客户和所有需求的企图。要深知，"让所有人满意的结果是谁都不会满意""想在所有战场上打赢的结果是输掉每一场战争"。在存量市场时代，经营的风险加大，有些客户和项目不是馅饼而是陷阱，所以，必须对客户做出选择，"服务哪些客户，不服务那些客户""做哪些项目，不做哪些项目"。

同时，选择并不能一厢情愿。就比如你中意的对象，为什么就一定会选择你？所以选择的同时，还要匹配自己的资源和能力，做到"门当户对"。但这种匹配是动态而非静态的，也就是说现有的能力现状，可以适度低于满足目标客户需求的能力标准，而这正是牵引企业发展和能力提升的动力所在。打个比方，就是要追求一个比你现有条件稍高一点的对象，这样才能把追求变成一个成长的过程。选择你中意的目标客户和市场，这个市场既能够满足你营利性和成长性的要求，同时又和你的资源、能力相接近而不是遥不可及，后者关系到你能否打败众多的竞争对手，追到你的意中人。

二、差异化

在存量市场时代，一个企业最终能不能在竞争中赢得目标客户和市场的青睐，关键在于能否为客户创造迥异于其他竞争对手的价值。而差异化的价值具体可以表现为三种形式：一是性价比最大的产品＋服务；二是由领先的技术、排他的专利、配方和垄断的资源等形成的无法被替代的产品；三是深入洞察客户需求，提供无与伦比的专属于目标市场和客户的整体解决方案。而最高段位的企业，就是将以上三种差异化集于一身。

而差异化和竞争优势作为存量市场时代企业生存、发展的要诀，最终将把企业区分为两类。

第一类是没有差异化、竞争力弱的企业，生存堪忧。它们只能提供同质化的产品，性价比低，无法给客户创造差异化的价值，所以得不到优质客户的青睐，或者获得不了有利可图的订单。因为行业退出成本过高，为了续命，只能被价格战所裹挟，被动应战，"没有最低只有更低"，直至价格低于成本，面临亏损；或者只能获得一些获利差、风险大的客户和订单。企业发展进入一个恶性循环当中，越来越低的利润，没有能力投入研发和吸引优秀专业人才，导致企业深陷同质化和价格战无法自拔，企业经营风险持续增大，游走于失败的边缘。

第二类是有差异化、竞争力强的企业，生存无忧，甚至能够把存量市场做成增量市场。这类企业要么有规模和成本优势，要么有特色、护城河，或者可以锁定优质目标客户创造与众不同的价值。尤其对于有规模和成本优势的企业，不惧价格战，但会慎用价格战。它们更倾向基于对客户需求和价值点的洞察，发起价值系统战。因为有规模和成本优势，往往能够攻城克敌、扫荡江湖、清理门户，"走自己的路，让竞争对手无路可走"。随着市场份额的进一步扩大，企业进入更大份额、更多利润、更大投入、更强实力和能力的良性循环状态。而且凭借更强的实力和能力，这类企业对存量市场中的增量细分市场或模式，更能捷足先登、手到擒来、碾压抢占。它们硬是把存量市场做成了增量市场，进而把行业集中度进一步提高，尤其对于标准化程度高、网络效应强的行业，最终极易形成寡头垄断的竞争格局。

存量市场时代企业必须选择、匹配目标市场和客户，打造差异化，获得竞争优势，唯有此，方能获得增长的动能。

●●● 案例分析：欧派家居——由"三力模式"到好战略驱动增长

欧派家居由2016年营收71亿元，净利润9.5亿元，至2022年分别增长到224.8亿元和26.9亿元，近十年来年均增长率分别达到21%和19%，稳居上市家居相关类企业首位。欧派家居在行业进入存量市场时代实现逆势飞扬，关键在于完成了增长模式的转型：由机会牵引的增长模式，向以客户为中心、创造差异化价值的战略驱动模式转型。

创办于1994年的欧派家居（原名叫"康洁厨房设备公司"），正值中国消费者对成品家具需求爆发，对定制家具需求快速增长的时期。欧派家居引入欧洲风格的厨房空间解决方案，创新性解决中国传统厨房凌乱、不美观、空间使用率低的问题，一经推出，客户订单就纷至沓来。

增量市场时代成功领先的消费品类企业，普遍采用了"以渠道为核心，由渠道力、品牌力和产品力组成的三力增长模式"。分析欧派家居由1994创业到成为"中国橱柜之王"的成功实践的确验证了此模式：2014年，欧派家居的经销商数量达到2557家，是国内家具制造类企业最强大的经销（零售）商网络之一；不惜巨资请孙俪等影视明星打造出"有家有爱有欧派"的品牌形象……

中国定制家具企业从21世纪00年代后半期到21世纪10年代后半期，享受了大约十年左右的爆发式增长红利，但随着需求升级、渠道碎片化和行业内卷，以及受到房地产泡沫破灭和疫情影响，中国家居市场彻底进入存量市场甚至减量市场时代，传统渠道驱动增长的模式逐步失效。

购买力下降下的需求升级：由于受到疫情和经济下行的影

响，消费者的购买力出现了下降，但是这并没有改变新一代消费者更加成熟、理性以及由此而来的需求升级和消费分级的价值趋向。

1. 消费者更加理性和成熟，占据了主导地位：消费者越来越少受到终端导购引导、广告宣传的影响，更趋向于自主判断、货比三家，尤其是互联网提高了消费者的询价能力，缩小了与厂商的信息不对称。随着存量市场时代的到来，消费者在供需关系中占据了主导地位，消费者主权时代真正到来。

2. 需求升级：消费者不再是单一追求价格、质量、款式等物化价值，而是要求厂商直面痛点，全面满足审美、效率、体验、物化和性价比的综合价值需求。

3. 消费分级：因为收入、年龄和家庭结构、家庭成员价值观、审美和消费偏好等的差异，家居消费圈层化的趋势越来越明显。不同圈层都有明确、独特"自定义"的需求和价值要求，不再是由商家通过简单的价格区隔、品牌定位、宣传和包装来主导。

4. 80后、90后成为主流消费群体：这一批出生在改革开放时代的新一代消费人群，已经占据了消费人群的大半。他们没有缺衣少穿的贫穷记忆，对于他们甚至不适用"升级"，因为他们生来就是"高级"：他们开放、新潮，和国际接轨的同时对自己、对国家和民族文化更加自信。他们对家居建设的需求是省时、省力、省心、有品位（调性），他们热烈拥抱一站式的家居解决方案，而不愿再苦哈哈地亲自去跑建材市场、去跟盯装修、一件件地拼添家具和用品。

渠道碎片化：家装公司纷纷进入整装业务领域，地产商的精装乃至拎包入住，传统电商和各种电商引流渠道，严重侵蚀传统经销（零售）商的流量；不能融合多元化渠道流量的线下经销商渠道，经营每况愈下，难以维系。

行业内卷：定制技术的门槛随着人才的流动，知识和经验的分享、扩散，专业软件的普及而大大降低，掌握了定制技术的大量企业包括成品家具企业，纷纷涌入，供需失衡，价格战打得"血雨腥风"，只能提供单一品类定制家具产品的企业，逐渐失去增长动能和竞争力。

存量市场时代，欧派家居敏锐洞察到客户需求和市场竞争的变化，适时启动大家居战略，这一战略表面是欧派家居由以橱柜为主全面发力多品类经营，但背后的本质是企业增长逻辑由"三力模式"转型为"业务组合增长模式＋以目标客户为中心打造差异化价值＋以规模经济和范围经济的双循环模式构建竞争优势"的战略驱动增长模式。

一、业务组合增长模式

欧派家居业务组合增长模式的创新之处，在于布局了两个增长逻辑方向：商业模式升级的增长方向和客户、市场细分增长方向。

1. 商业模式升级的增长方向

按照由易到难的逻辑，将商业模式区分为"卖产品""卖空间"和"卖整体解决方案"三种模式，以符合消费者"省时、省心、省力、有品位"的需求趋势。

卖产品：卖产品是增量市场时代的主要商业模式，也是欧派家居最轻车熟路的模式。其中，橱柜业务是欧派家居的核心、成熟品类业务，已经步入缓慢增长期，衣柜则是后来居上、方兴未艾、增速超过橱柜成为新的增长点。2021年第三季度，欧派衣柜超越"衣柜一哥"索菲亚，继中国橱柜之王后，又荣登衣柜之王的宝座。而具有爆发潜力的则是成品和软体家具业务，这项业务在2021年独立成为事业部。

卖空间：就是为客户提供客厅、餐厅、书房、卧室、厨房、卫生间等空间，风格一致的定制家具、成品、软装等家居用品组合。卖空间的成功关键在于能否用设计、用有引流特性的大单品和爆款，把有协同关系的整体空间家具一起销售出去。较卖产品，卖空间要求由产品美升级为空间美，对空间设计能力、品类整合管理（制造、协同仓储和物流）能力提出了更高的要求。欧派衣柜的崛起，有利于成为带动卧室、书房、客厅家具的引流产品，撬动整体销售，对带动成品和软装家具销售功不可没。

卖整体解决方案：就是为客户提供定制、装修一体化，硬装、软装一体化的综合解决方案，其难度远超前两种商业模式，但能够真正解决客户痛点，为客户提供整体最大化价值，真正实现"省时、省心、省力、有品位"的商业模式，也是欧派大家居战略的最完美的模式体现。对于攻克这一商业模式，欧派家居经历了试错迭代和持续升级的过程。

2. 客户和市场细分的增长方向

将客户和市场按照购买力，细分为偏低档的欧铂丽品牌业务、偏中档的欧派品牌业务、高档的从意大利引进的Miform品牌业务以及与整装渠道品牌星之家合并后的铂伦思品牌业务。

其中，欧派品牌业务是公司的核心、成熟市场业务，也是公司的战略基石，具有强大的品牌号召力和整合力。欧派品牌最早定位高端甚至曾成为国内顶流设计师的最爱，但是小众市场限制了市场成长空间，为了打开主流市场，也是被竞争所裹挟，欧派品牌定位下沉，成就了面向中档大众的品牌定位。

2016年创办的面向年轻一代的欧铂丽，2021年销量已经突破25亿元，平均年增长率25%，已经构成新的增长点，属于公司的快速成长业务；偏重设计师渠道的Miform，则属于新兴业务，等待爆发。

欧派家居在商业模式升级、客户和市场细分方向上，遵循了"成熟一个、发力一个、孵化一个"的原则，即通过成熟业务、快速增长业务、孵化业务的业务组合管理，不断打造新的增长引擎，但支撑这一可持续、高质量增长规划的是欧派家居为顾客打造出差异化价值，以及针对竞争对手建立起来的竞争优势。

二、以目标客户为中心打造差异化价值

在存量市场时代，企业增长的关键成功要素已经不是跑马圈地、拼谁更快，而是在消费者主权时代，给消费者一个选你的理由，即拼谁更能为客户创造差异化的价值。欧派家居在为消费者创造差异化价值方面有三个突出特点。

1. 针对不同细分市场，设计和打造满足目标客户的价值点；

2. 提供优于竞争对手、高性价比的引流产品；

3. 提供行业领先的整体解决方案，一站式设计、一揽子搞定，既解决痛点，又让其心动。

三、以规模经济和范围经济的双循环模式构建竞争优势

欧派家居能够持续保持高于行业平均水平的销售收入增长率、利润增长率，在于欧派家居逐步建立起来"规模经济+范围经济"的"协同"竞争优势。

规模经济：定制家具行业具有标准化程度高，信息化门槛高、投入大，营销制胜、品牌宣传投入大的特征，因此规模效应明显。欧派家居拥有橱柜、衣柜双料冠军的江湖地位，在采购、制造环节拥有明显的成本优势，同时规模对期间费用投入的分摊效应明显，进而形成了企业"低制造成本+大研发、信息化、营销投入"的良性互动循环效应，最终形成欧派家居定制产品明显

的成本、价格优势。

范围经济： 存量市场时代的到来，流量下降的同时引流成本在急剧提高，经营单品类家具的制造商、线下门店，越来越难以维系，家具行业真正进入范围经济时代，提高客单价、实现品类协同，推动客户多品类购买，提高客户复购率关系到经营成败。欧派家居提出大家居战略后，在产品和品牌定位上，随着衣柜品类成为新的"行业一哥"，门类、软体家具快速发展，欧派家居已由单一的橱柜品牌升级为一站式定制解决方案品牌。在渠道上，欧派家居成功嵌入装修公司的整体解决方案里，并通过设置"铂伦斯设计奖"，整合设计师资源，从设计端实现品类协同，至此欧派家居成为遥遥领先的整体解决方案提供商，范围经济优势明显。

此外，欧派家居在规模经济上的领先优势，对范围经济带来明显的赋能和协同效果：一是行业内有竞争力的渠道价格，给予渠道商更大的让利空间；二是引流产品例如衣柜的价格优势，更容易带动其他品类和整体家居的销售，最终形成范围经济和规模经济良性循环的竞争优势。

第四节
向组织能力升级要增长

增量市场时代，企业的增长动能来自外部机会，把握机会是第一位的。因此，管理不应过于精细化和过度化，以防降低了速度，抑制了活力，阻碍了经营。此时，管理的关键职责类似刹车系统，用来保证高速行驶的汽车安全、不翻车。存量市场时代，内部能力成为企业增长的关键，企业的增长动能不仅来自外部，更来自内部，这就需要企业耐下心来，做难而正确的事，进而推动企业由个人执行力向组织执行力、管控经营向赋能经营的能力升级。

一、做难而正确的事

增量市场时代，来钱快、来钱容易，导致的结果就是相当多的企业存在"大机会时代的机会主义"。

1. 只投短期能见效的。乐于投营销、投渠道，请明星代言，一掷千金。

2. 喜欢找软柿子捏，说是"农村包围城市"，但最后实际一直在农村转不出来,只是从东部农村杀到了西部农村。

钱越来越难赚,也很少再有随随便便就可以赢得的市场,企业只能扎铁寨、打硬仗,在问题中倒逼能力提升,投资中长期才能见效的研发、组织能力建设,打造和提升管理能力的确很难,但是在能力驱动增长的时代,企业只能去投入、去做难而正确的事。

二、耐心

在增量市场时代做大的企业,一定是善于经营、深谙营销之道的企业。但是善于经营未必懂管理,因为经营成功和管理成功,所遵循的底层逻辑和行为方式是不同的。经营成功要求的要素是大干(胆大、有魄力)、快上(行动快)、出成果(短期务实、善要结果);而管理成功则遵循飞轮法则:需要持续投入,就像推动一个沉重的飞轮一样,刚开始即使用足了力气飞轮可能一动不动,但持续用力到达一个拐点后,飞轮就会旋转起来而且以后不依赖人力,越转越快。

据此可以将企业区分成四类:善于经营且懂管理的企业,这类企业既能做大又能做强,例如中国的华为、美的、海尔等公司;善于经营但不懂管理的企业,这类企业可以做大但难以做强;不善于经营但懂管理的企业,这类企业既做不大也做不强;既不善于经营也不懂管理的企业,这类企业无法生存,而且迟早会被淘汰。

做管理需要耐心,不能抱着短期出成果的心态。德鲁克把管理定义为"打造一个不依赖人的组织""让普通的人打造出一流的组织",所以管理的本质就是把能力建在组织上,依赖法制和体系化而不是领导者个人的管理素养和能力。法制、体系化的建立和有效实施，需要系统规划、分步实施；需要企业各级人员任职能力和管理体系螺旋式推进；需要先进管理体系、工具和基础管理平台扭和式提升；需要组织变革、行为改变和新习惯的养成，而这绝非是一蹴而就的，否则欲速而不达。

很多企业正是因为在管理体系建设中，抱着"大干快上""大投入、大产出"的心态，甚至寄希望于某个"神丹妙药"的管理工具或方法快速见效，能将管理方面的"难言之隐"一治了之，但结果往往是投入很大但见效甚微，体系建设和管理能力长期停滞不前，专业能力提升不明显，组织混乱依旧。

而上述问题的根源，就是企业对管理的专业性和系统性缺乏敬畏之心，没有认识到管理不同于经营。殊不知，管理靠的是笨功夫而不是巧实力，是螺旋式的渐进而不是直线式的速升，是厚积薄发的内功而不是一夕练成的妙招；需要的是持久地坚守而不是大干快上、速胜快赢的豪情，用经营思维行管理之事的结果必然是事倍功半甚至无功而返。

三、从个人执行力升级到组织执行力

增量市场时代，行业领军企业绝大多数都展现出极强的个人执行力。个人执行力高的组织往往会表现出一种"富有激情快速行动、不打折扣坚决执行、千方百计完成任务"的组织氛围，所谓"狼性"就是这种组织状态的形象体现。个人执行力高及其组织氛围的形成，一般与领导者尤其是老板的个人风格紧密相关。"严格管理、持续跟进、言出必践、赏罚分明"是其中的突出特点，因此也就不难解释一些军人出身的企业家所领导的组织，往往表现出更强的个人执行力。

随着企业规模变大，层级多了、专业细了、体系杂了，很多前期个人执行力强的组织，不同程度上出现执行力下降的情况。老板会感到决策难于实施，"人不如以前好使了"，甚至连沟通都是"老板在天上飞，下属在地上追"。此时，很多企业如果还是将问题归咎于下属个人执行力的问题往往于事无补且问题依旧。执行力下降的问题根源是企业没有完成由个人执行力向组织执行力的升级。

组织执行力主要是由组织和协同管理（解决执行的分工、配合和协同）、人的能力管理（解决执行的能力）、文化和氛围管理（解决执行的意愿）组成，并且与决策管理（解决执行的认同）相关而系统打造出的承载于组织上的执行能力。打个比方，在战场上个人执行力体现为各级指战员的"亮剑精神"，而组织执行力则体现为训练有素的陆、海、空三军在统一战役部署下，协同一致、势如破竹的战斗力。

四、从管控经营升级到赋能经营

增量市场时代，人力、财务、质量、风控等职能尚处于管理体系发育的初期，制度、标准主要来源于企业过去经验、教训的沉淀，职能管理人员的主要职责是建立制度、标准，确定红线、高压线，监督业务部门和一线人员依照执行，不能违规，管理工作的重点是救火、抓"小偷"和亡羊补牢。

救火：当业务和一线人员违规，出现工作偏差、失误乃至失职时，职能人员奔赴火线，帮助止损、善后。

抓"小偷"：事后监督，找出、处罚违规者；或者过程管控，把违规和风险阻止在过程中。

亡羊补牢：在出现风险和问题后，完善和堵死制度、标准漏洞，防止相同问题反复出现，但往往是"一人生病，全家吃药"，管理变得又厚又重。

这种管理模式整体是初级、低水平、粗线条的，突出关注职能的专业化分工和管控；以事为中心，着力点在制度、标准、办法本身；被动、救火式管理，侧重在问题出现后解决和完善制度；很多职能管理人员缺乏业务经验，制度和标准没有融入业务中，管控多服务少，加之信息化滞后，导致需要一线人员重复性地提交各种数据和报表，职能管理人员和业务部门、一线人员冲突、摩擦多，一线人员抱怨职能管理人员在制造工作，对职能管理的价值认同度低。

而存量市场时代的管理则是主动管理重于被动管理，创造增量价值重于解决存量问题，通过融入业务、赋能人员、赋能经营来推动业务增长。

主动管理重于被动管理：存量市场时代，管理要实施高效的主动管理，职能管理的重心要由事后的管控、补窟窿，前移到事前的预警、服务，防患于未然。这要求职能管理人员的能力要提升，要懂业务，要完成由法官向教练的角色升级，要将工作重点由对事的管控、执法，升级为培养、赋能、授权一线员工，帮助他们提高判断力和自我管理能力，从而在提高职能管理效率、对市场反应速度的同时，减少内部摩擦和消耗，提升员工的体验感和满意度。

创造增量价值重于解决存量问题：增量市场时代，管理的重点是补短板，着眼解决运营中出现的紧急问题，保证经营不脱轨。存量市场时代，管理的重点是打造差异化能力，提升竞争力。而这关键取决于企业能否激活组织、个人，把能力建到组织上。具体来看，就是要把领先企业的最佳业务、管理实践，以及流程、标准、工具引入进来，融会贯通；把企业内部老员工、优秀员工的最佳实践、经验、智慧沉淀下来形成组织资产；通过复杂问题简单化，简单问题流程化、工具化、表单化的方式，把员工武装到牙齿，赋能员工，打造高绩效均质化的组织。

●●● 案例分析：华为——打造驱动业务持续增长的世界级组织能力[①]

华为无疑是一个"传奇"：从1992年到2021的三十年间，华为年均增长率达到44%；业务跨界运营商、政府和企业级、消费者多种截然不同的类型；以二十万员工之众，仍然保持蓬勃的组织活力和创新能力；在世界最强大国家的疯狂打压下岿然不动，成为大国崛起的符号……所以华为被企业推崇学习自是情理之事。但华为不应被"神话"，对它的研究应该全面、客观、理性。

华为的成功本质上是"偶然中的必然"——偶然是指华为的成功是"天时""地利""人和"机缘巧合的时代产物。翻阅华为的发展历史，从20世纪90年代中国通信需求井喷式爆发，国产电信设备制造恰逢从无到有的国产替代风口；进入千禧年，华为

[①] 郭平.常变与长青：通过变革构建华为组织级能力[M].深圳：深圳出版社，2024.

面临危机被迫全面出海，又迎来互联网泡沫短暂破灭后，全球电信基础设施修复性建设浪潮；全球电信行业技术从3G、4G到5G，每次技术的迭代都会掀起电信设备更新的建设热潮；人工智能、大数据、万物互联时代的到来，带来无法估量的对数据传输、存储、计算的需求。每次风口、浪尖的机遇，都把华为的增长和规模推向新的高度，毋庸讳言，华为身处大机会时代，充分享受了时代的红利，是时代的宠儿。

必然是指华为能在大机会时代把握住机会，一路走来，虽是步步惊心，但又是步步走赢，一定是做对了很多值得其他企业学习的事情。首当其冲的无疑是华为崇尚管理，充分学习、消化、吸收了西方管理思想、工具、方法的精髓，并且与民族、时代和企业的文化融为一体，打造出独具一格的世界级组织能力，而在此过程中经历了业务牵引能力、能力推动业务彼此螺旋成长的发展过程。

一、华为管理建设的发展历程

梳理华为业务和管理体系建设的发展历程，依据两者之间的互动关系，可以划分为野蛮成长期、能力建设期和全球引领期三个阶段。

第一阶段：野蛮成长期（1987—1997年）。这一阶段华为的业务经历了从代理到自研开发的过程，随着自研产品的不断涌现，华为业务在国内迎来迅猛增长，尤其从1992年收入规模破亿元起，销售额逐年翻番，惊人的增长也带来惊人的混乱："1997年公司合同及时齐套发货率仅为20%，每天都有十几起与发货相关的投诉，发错货、迟发货等问题层出不穷，相较优秀企业产品开发周期6~12个月，当时华为产品开发的平均周期则为22个月，其中需要7个月来解决产品质量问题"。"公司内部思想混乱，主义林立，各路诸侯都显示出他们的实力，公司往何处去，不得要领。"①

面对业务快速发展对管理的需求，华为开始初步建立起管理体系，如1995年借鉴研发交换机的成功经验，建立起基本的研发流程和三层五级的项目计划管理体系，1996年在没有完善的物料编码系统和相对稳定的物料清单（BOM）下引入制造资源计划（MRP2）系统，但因把没有梳理的现状流程直接搬到系统上，导致系统自带的先进逻辑和流程被修改得面目全非，最终的实施效果差强人意。

这一阶段，华为的管理建设遵循的是事后"急行先用（紧急的事情先干）"，而非事前整体系统规划的原则，甚至经常就是针对重大问题采取的打补丁式的补救；管理制度、流程、工具和方法的形成，要么来源于内部经验的总结，要么直接照搬外部系统和工具，但又往往对系统和工具背后的逻辑和假设吃不透、了解不深，而在组织治理和人员上，严重依赖"高手""能人"，任正

---

① 郭平.常变与长青：通过变革构建华为组织级能力[M].深圳：深圳出版社，2024.

非在企业重大决策和执行力打造中发挥着决定性作用，员工和管理者的职业化程度普遍不高，水平参差不齐。在这一阶段，华为的管理整体上是初级和低水平的，主要针对业务实施管控。

第二阶段：能力建设期（1998—2013年）。1997年，华为的销售收入已经超过了40亿元，一方面企业的管理水平越来越滞后于业务的快速发展，另一方面任正非深刻认识到电信设备行业技术迭代快、竞争无国界、管理门槛高的残酷现实，而要实现"三分天下有其一"的世界级领先企业的战略意图，华为就必须构建世界级的管理能力。1998年3月23日，在历时两年零八个月，八易其稿后，由人大六教授[①]负责编撰的《华为基本法》颁布，标志着华为在企业顶层设计和核心发展方向上，完成了"由乱而治"的集体思考，而当年8月份，华为即启动了和世界级老师IBM的合作。华为能够和IBM达成合作的确是佳偶天成，当时IBM在郭士纳向服务转型的战略下，积极开拓管理咨询业务，需要标杆客户，华为则苦苦寻觅世界级的老师，而IBM把能力建到组织上的理念，流程驱动的全球领先管理体系，让任正非一见钟情。正是这份"郎有情、妾有意"和"投我以桃、报之以李"的双向奔赴，让华为和IBM共同谱写了中国管理咨询业一段"前无古人，后无来者"的合作佳话。华为给予了顾问足够的尊重和支持，为合作支付了"世界级"的成本和费用，IBM则是整合全

---

① 人大六教授分别为彭剑锋、黄卫伟、包政、吴春波、杨杜和孙健敏。

球资源，倾囊相授，在华为历时15年（1998—2013年）的管理大平台建设中，IBM作为主要陪跑者，帮助华为打造出了世界级的组织能力。

在这15年间，华为从国内市场到全球市场，从跟随者、市场领先者到2013年超越爱立信成为行业领先者，从单一产业到多产业，业务战略不断演进，管理变革一直在业务战略的牵引下紧跟其后，通过管理体系的完善和升级来打造支撑业务持续发展的组织能力，其中可以分为上下两个半场。

（1）上半场（1998—2005年）。华为通过开展ITS&P（IT策略和规划）、IPD（集成产品开发）、ISC（集成供应链）、"财务四统一"（统一流程、统一制度、统一监控、统一编码）等变革项目，一方面大幅度提升了研发和供应链的能力，在产品开发成功率和周期、产品质量和成本、响应客户需求速度、合同及时齐套发货率、库存周转率等方面得到根本性改善；另一方面管理的流程化、规范化和员工的职业化水平大幅度提高，初步建立起贯穿部门的端到端流程体系，公司开始向流程驱动型组织转变，组织初步摆脱对人的依赖，尤其是研发把能力建到了组织上，实现了可预期、可重复的管理。今天，华为能够突破技术封锁，在研发上屡克难关，正是依赖IPD管理变革打造的研发管理体系，使得数万研发人员得以按照流程有序开展工作，不管开发难度多高，最终都能够推出高质量的产品。

（2）下半场（2005—2013年）。华为先后通过LTC（线索到现金）、GSC（全球供应链）、IFS（集成财务服务）、MTL（市场到线索）以及人力资源三支柱转型、战略管理等管理变革项目，构建起全球化管理能力。

经过十五年的努力，华为建立起来了不依赖人、自动运行、赋能业务持续增长的管理体系，而在管理体系构建的过程中，华为也经历了由照搬到自主，由请导师到请帮手的提升过程。在上半场，基于华为基础管理弱，技术人员管理素养低、专业能力差、职业化水平不高、自以为是、喜欢闭门搞创新的现状，任正非提出照搬IBM实践，采用"削足适履""先僵化、后优化、再固化"的方式来向先进虚心学习。在这一过程中，外部顾问也在整体的变革项目规划、方案设计和实施中发挥了主导作用。在下半场，随着能力的提升和经验的积累，华为开始自己主导变革规划、方案设计和试点推行。在方案设计和最佳实践的学习中，华为也是结合自身的实际情况，有选择地学习，并且结合行业企业的最佳实践形成变革方案，构建有自我特色的管理体系。

第三阶段：全球引领期（2014—2019年）。 2014年，华为收入规模突破了2800亿元，终端和企业业务（以及其后的云业务）作为第二增长曲线，成为企业新的增长引擎。作为全球行业领先者，华为已经建立起来可以和世界级优秀企业媲美的流程体系。走到新规模、新高度、新水平的华为，和其他世界级的企业一样，同样开始面临以下两大阻碍业务发展的管理挑战。

第一个挑战：管理所面临的主要矛盾不再是做"加法"，而是如何通过做"减法"使优秀的管理持续赋能而非束缚业务增长，从而对抗与日俱增的"大企业病"和"熵增"，使组织始终保持对市场的灵敏反应。

此时，华为通过独立变革项目打造出的先进管理的模式，随着企业规模变大，弊端和问题也逐渐显现。一方面，职能管理天然存在的"风险厌恶"和"枪口向内"，导致管理越来越偏离服务经营的初心，重心高高在上脱离一线实际，在"一人生病，全家吃药"现象下，管控点越来越多，流程越来越冗长低效，管理也由有序变得过度；另一方面，各变革项目之间各自为战，流程没有打通，系统没有集成，形成众多断头路，一线员工疲于应对"九龙治水"，管理变革的初衷本来是为一线员工提供更好的武器，但事实上却成了他们的负担。2014年，华为启动把各变革项目跨领域、跨流程打通的集成变革项目。项目以帮助业务"多打粮食，增加土地肥力"为目标，改变以前变革项目高举高打、顶层作势、"大架构+大变革"的方式，针对代表处开展集成设计，以打通流程和IT为出发点，解决面向业务场景的最后一公里适配问题。项目基于服务一线员工作战而非满足机关管控，确立了"主干清晰，末端灵活"的原则，将具体作战流程的制定权下放给代表处，让代表处基于公司主干流程来适配差异化作战场景。集成变革项目历时三年，覆盖了华为全球上百个代表处，实现了既定的目标。

第二个挑战：作为一家横跨企业、政府、消费者不同客户市场的相关多元化企业集团，华为如何做到使特性迥异的不同业务"从心所欲而不逾矩"。

强大的管理平台和组织能力是华为的核心竞争力。华为通过打造基于数字化平台的"天、地、树"集团治理模式，实现了管理资源能力协同共享和业务自主发展之间的平衡。在"天、地、树"模式中，"天"是指集团基于核心价值观实施的集中管控，涉及IT、财务（包括资金和账务）和审计；"地"是指集团统一提供的公共服务平台，包括人力资源、供应链、行政服务、2012实验室等；"树"则是指各个独立业务，各业务在集团授权和监督下，相互独立，互不关联，自主发展。其中，借助数字化转型的浪潮，集团以服务化的形式构建了统一的云化数字平台，一方面实现数据的统一集中共享和管理，另一方面坚持"业务主导，平台使能"的原则，把过去积累的IT能力解耦，以服务化的方式沉淀在平台上，成为一个个可组合的"积木"，各业务以此分别构建自己的业务应用，以满足差异化的业务和管理要求。

从2014年到2019年，华为通过集成变革和数字化转型有效解决和应对了大企病带来的组织机能、活力下降，以及相关多元化集团企业平衡业务自主发展和能力协同共享的问题，在管理变革和提升的保驾护航下，这一阶段，华为的营收年均增长率超过了24%，2019年收入规模达到8558亿元。

二、华为管理建设成功的启示

华为从管控经营、急用先行的粗放式、低水平管理，到可赋能业务增长、流程驱动、接近世界级水平的管理，再发展到有效应对世界级企业管理难题、全球行业领先的管理，其历程堪称教科书。从华为管理建设的成功中，可以总结出以下"放之四海皆准"的启示。

1. 管理要服务经营，赋能业务增长

和大多数企业把管理等同于管控不同，华为认为管理的首要价值是服务经营，赋能业务增长。纵观华为管理体系建设之路，一直遵循"业务为首，管理紧跟其后而不超越"的宗旨，从IPD、ISC到LTC、IFS等管理变革，始终是业务牵引着管理不断提升，而提升后的管理又推动业务更快发展，从业务到管理，从管理再到业务，管理在这一循环中随着业务的发展实现了螺旋式上升。

在管理体系的建设和运行中，始终以"是否以客户为中心，是否创造价值，是否能够支撑打胜仗"作为判断和衡量的标准。

以客户为中心：企业在流程、组织和IT建设之初，就要对准"以客户为中心，以生存为底线"，对流程要求打通端到端，

即从客户中来到客户中去,保证一切与客户相关的流程要快速反应、运作高效。

创造价值: 管理都是有成本的,管理动作越多,管理成本越大,所以要摒弃一些不能创造价值的管理。反对完美主义,反对对过度精细化的追求,因为过高的标准,就意味更高的管理成本,过度的管控也往往是以牺牲企业活力和削弱竞争力为代价的。例如在内控成熟度上,华为就不支持百分之百的满意。

支撑打胜仗: 要求职能管理人员要懂业务,要能够"眼高手低"地帮助业务部门解决问题、打胜仗,而不能搞自娱自乐的管理,在职能管控上要满足一线员工作战要求,不能简单地自上而下整齐划一。例如在集成变革中,华为确立流程梳理"主干清晰,末端灵活"的原则,使流程建设贴近实战,服务作战。

因为管理本身厌恶风险、封闭闭环的属性,让内部管理无可避免地会走向僵化之路,所以华为在管理走上僵化之前就及时干预,通过"由治到乱,乱中求治",简化管理,使管理有序并充满活力。因为一线员工最贴近客户,对管理问题最能够敏锐感知,所以华为充分调动他们的积极性来参与管理体系的优化,2012年华为就在心声社区鼓励员工持续讨论公司的管理问题,用时九个月,最后把问题汇总起来责成各级管理者优化改进。

2. 组织能力的建设需要耐心，"只有用最慢的方式，方能最快地做成事"

华为深刻认识到管理建设的目标就是把能力建到组织上，形成组织级的能力，这需要足够的耐心，因为这不仅需要通过流程、IT来承载组织能力，同时现有人员的意识、技能和行为习惯必须被培养出来，完成转变，唯有此，先进的管理体系才能落地被承接，能力建到组织上才真正能够实现。

（1）用流程和IT来承载组织能力。

企业把最佳的做事规则、方式和方法固化到管理体系上，用流程和IT来承载，组织中的每个人因为按照这样的方式和方法来工作被赋能，从而形成组织级的能力。把能力建到组织平台上，不仅可以通过"把员工武装到牙齿"提高企业竞争力，更重要的是通过将例外变成经常，降低对人的依赖，使业务过程和结果可控制，业务成功可复制。公司管理人员也由于操作标准化、制度化不需要过多的"救火"和干预，从而把主要精力放在更有价值的策略规划、业务开拓、体系建设和人才培养等上面。

华为把流程作为组织能力的载体，是因为它具有以下特性。

1. 流程承载业务运作模式，能够以客户价值为中心，打通端到端，实现跨部门、岗位的协同；

2. 流程能够通过把公司内控、质量、数据管理等的政策、规则和要求嵌入其中，来承载业务管控的要求；

3. 流程可以沉淀成功实践经验、工具和方法；

4. 流程可以衔接系统软件，实现流程固化和自动化。

经过十多年的建设，华为吸收了APQC（美国生产力和质量中心）的PCF（流程分类框架）的逻辑和分类方法，建立起由六层流程架构，以及五万多份流程文件组成的完善的流程体系。其中，流程架构中的L1~L3来自战略分解，体现业务方向，是对业务模块和能力的高阶设计，回答的是"为什么做"的问题；L4~L5体现具体做事的能力，有角色、活动，回答"做什么"的问题；L6回答"怎么做"的问题，包含作业指导书、工具、模板、表格等，这一层是真正的瑰宝，是华为多年向先进学习以及在复盘文化下，长期积淀并不断循环迭代的成功经验和做法。

如果不把流程中的主要活动和关键控制点，通过IT固定下来，流程要么难以执行，要么执行走样，所以华为绝大部分流程（除了战略管理流程主要是以会议形式承载），最终都要IT化，从而实现从人到系统的控制。

（2）用人的技能提升来实施组织能力。

企业建立了完善的流程并实现了IT化，并不代表就真正形成了组织能力。所谓"练拳不练功，到老一场空"，如果人的能力没有提升，人不具有新体系和流程下所要求的意识、能力和习惯，就犹如练拳只练了招式，并没有形成真正的战斗力。华为的IPD、ISC之所以用了四年，LTC和IFS用了八年之久，主要时间就用在人的理念转变、技能提升和行为改变上，而这正是华为管理变革成功的关键，所以华为对管理顾问的要求是既要"授之与鱼"，更要"授之与渔"，不仅要能够帮助设计方案，而且要将这种能力转移给华为，并协助方案的落地实施，辅导现有人员掌握先进流程、工具和方法。华为在顾问选择上坚持"咨询顾问+业务专家"的组合，业务专家要深刻理解最佳实践，具有丰富的实操经验，明白业务痛点和执行过程中可能遇到的问题，并且能够帮助解决，这类专家正是华为在和IBM合作中苦苦寻觅、求贤若渴的。

华为在项目中，一方面安排大量人员跟着顾问老师学习，另一方面强调训战结合、干中学和学中干，通过实践来完成业务人员的能力提升。变革项目组除了对业务人员进行流程、模型、工具和方法的培训，更重要的是定点辅导业务人员在实战中使用并不断总结经验教训，真正掌握工具和方法，实现技能提升，真正承担起新的工作责任。

最后需要指出的是，学习华为切忌照搬套用华为的最佳实践，因为华为的管理实践是在"大机会—大业务—大投入—大管理"逻辑下，由华为所处行业、规模和发展阶段以及企业家个人因素共同作用的产物，例如套用"削足适履"的结果，可能会导致水土不服后和半途而废;"让听得见炮火的人呼唤炮火",则可能会导致总部失控,区域肆意妄为、各自为战。所以,对于处于不同行业、不同规模和发展阶段的企业来说,华为经验最有价值之处不是"是什么"而是"为什么",以上启示是对华为成功的冰山模型,海面下跨行业、跨规模的底层逻辑的提取,相信这对于在存量市场时代苦苦摸索持续增长之路的企业来说,更有价值。

Part 2

| 第二部分 |

存量市场时代，
重新认识好战略

在经典教科书中，对战略有代表性的解释是"为了实现长期战略目标，而做出的全局性规划、行动部署和资源配置方案"，战略定位学派则倾向于"通过行业选择和差异化定位设计，来赢得竞争优势"，但这些来自西方经典战略理论的认识，在企业实际工作中，往往难以发挥真正的推动和引导作用，甚至产生误导。

1. 战略被理解为是一次设计成功的静态概念，但现实中企业的战略是动态的，外部环境往往是难以预测的，计划赶不上变化。在华为从事了十多年战略规划工作的潘少钦，就说："华为消费者BG的战略规划，至少每年的规划有四分之一是不到一年就基本失败了，两年下来，可能一半就失效了。"[①]

2. 一味强调战略决定管理，忽视了组织力在战略成功中发挥的关键作用。

3. 战略容易被企业内部员工认为很虚，对企业中不同背景的管理人员来说，难以形成利益感知和理解共识，想当然地把战略归为少数人的"阳春白雪"。

4. 战略被认为是和日常经营、管理无关的规划工作，导致战略研讨得再嗨，报告做得再好，最终还是"说归说，做归做"，战略走不出研讨会，成果只停留在报告和PPT上，从而导致战略制定和执行脱节。

所以对于来自西方的经典战略理论，我们需要在深挖其发展历程和背后假设的前提下，"留其精华，去其糟粕"，以成果为导向，结合中国优秀企业最佳战略管理实践，来重新认识好战略成功运行的关键和本质，这对存量市场时代寻求战略驱动增长的企业尤为重要。

---

① 华为大学. 熵减：华为活力之源[M]. 北京：中信出版社，2019.

| 第三章 |

Chapter 3

好战略的关键——
动态化升级"经典战略"

企业战略兴起于20世纪60年代美国由增量市场时代进入存量市场时代。发挥好中国企业的后发优势，就需要对主要起源和发展于美国的西方经典战略理论进行追根溯源，不仅"知其然"，更要"知其所以然"，在此基础上，"取其精华，去其糟粕"以满足现实时代和环境的需要。

第一节
回溯和辨析"经典战略"

美国经济在二战后迅速复苏，从1945年到1973年进入了高速增长的黄金时代。面对爆发式增长的消费需求，美国企业也经历了"躺着就能赚钱"的快乐好时光，企业醉心于追求速度和规模的扩张，跑马圈地，野蛮生长，而无心于打造内功、提升质量、精细管理，以至于怀才不遇的戴明西渡[①]，把诞生于美国的全面质量管理在日本发扬光大。

从20世纪60年代中期开始，一方面美国消费市场在高歌猛进二十年后同样出现需求升级、消费分级的趋势，市场增长趋缓并逐步进入存量市场；另一方面囿于寡头垄断曾经给美国经济带来的伤害，美国于1950年颁布《塞勒-凯弗威尔法》，禁止同业并购，一些企业因此走上跨行业并购的歧路，规模快速做大的同时内部越发低效，竞争力下降，

---

① 戴明（Dr. W. Edwards Deming），举世闻名的企业管理科学权威，人们尊其为"现代工业质量控制鼻祖"。他毕生从事统计管理理论的研究和实践，曾周游各国进行调查研究，创立了一套自成体系的质量控制理论，是企业管理中的空前大变革。20世纪50年代初，戴明由美国派往日本作为经济顾问，帮助日本推进战后经济重建工作。当时，第二次世界大战结束不久，日本经济尚未恢复：民穷财尽，工业生产落后，日本的产品以劣质低价著称于世。戴明博士向日本的企业界，包括制造业和服务业，提出了他的企业管理理论，特别著名的"14点要义"。日本的企业界接受了他的意见，在全国范围内展开了企业管理的革命性大转变。开始10年，就产生了立竿见影的效果；又过了10年，日本的工业起飞；到了20世纪80年代，日本的工业超越美国而称雄于世界。

而与此同时日本和西欧快速崛起，尤其是日本企业在美国国内及全球市场上攻城略地，咄咄逼人。

在此大背景下，企业战略开始在美国兴起。"战略"一词起源于军事学，20世纪中叶才被纳入企业管理的话语体系；20世纪60年代，一系列有广泛影响力的战略著作问世，推动战略成为企业管理理论研究的显学，战略开始在企业管理界流行开来：1962年，企业史学家阿尔弗雷德·钱德勒（Alfred D.Chandler）出版了著名的《战略与结构》一书；彼得·德鲁克则在1964年出版了《成果管理》（德鲁克最早将其命名为《商业战略》），被称为"最早以战略为主题"的著作；紧随其后的是伊戈尔·安索夫（H.Igor Ansoff）在1965年出版了《公司战略》一书；同年哈佛商学院出版的《经营策略：内容和案例》，迅速成为战略领域最流行的教科书。战略作为独立专业，也被推到了企业管理的前台，通用电气（GE）等美国大公司陆续建立起战略管理职能部门。与此同时，布鲁斯·亨德森（Bruce Henderson）于1963年成立了"把战略作为主攻方向"的波士顿咨询公司，成为企业战略咨询市场的创新引领者，和后来居上的麦肯锡以及从波士顿分离出的贝恩等咨询公司一起，推动了企业战略咨询市场的快速发展。专业战略咨询公司把研发和推广原创战略思想和工具作为品牌传播和市场开拓的有效手段，有力推动了战略理论和工具的创新。

经典战略理论研究和创新浪潮自20世纪60年代兴起，至21世纪初逐步归于平寂。在此40年间，不同的战略学派你方唱罢我登场，精彩时髦的战略观念和工具不断掀起热潮，成为企业界竞相追逐的热点，回溯"经典战略"的发展历程，整体上可以划分为20世纪60、70年代的

"战略启蒙和建构期"、20世纪80年代的"战略定位期",以及20世纪90年代的"核心竞争力期"三个阶段。

第一阶段:20世纪60、70年代的"战略启蒙和建构期"

这一阶段,在德鲁克、安索夫、哈佛学派等鼎立推动下,战略学快速崛起,他们虽然风格各异,但是搭建起了战略思考和管理的完善体系和方法论。

德鲁克

德鲁克为企业战略的兴起做了思想启蒙,其思想的精妙之处就在于他的前瞻和灵动。

德鲁克登高望远,把战略的核心关键尽收眼底,今天再去翻阅德鲁克的《成果管理》,你会惊奇地发现,战略界其后持续涌现和被追捧的热点,如使命、愿景、文化、核心价值观、业务组合和第二增长曲线、市场细分和目标客户、以客户为中心和为客户创造价值、商业模式、差异化、竞争优势等,在这本书中都有提及。德鲁克起步即高点,将战略的核心要点向众生娓娓道来,的确令人叹为观止,无怪乎有人戏称战略学研究分两类,一类是研究德鲁克思想,另一类是研究德鲁克思想没有覆盖和不完善的地方。

所谓灵动,是指德鲁克的著作貌似结构松散,鲜有实证研究和具体的工具方法,更像是信手拈来,精彩思想涌动的意识流,需要慢慢地哑、细细地品，隔三岔五再回顾一下，又时常会有新的感悟乃至为之拍案叫绝。或许正是这种"让理论界难以下口，企业界难以下手"的灵动，让他的思想受众颇多，却没有堂而皇之地进入一流商学院的殿堂，成为正门大派，尊其位，研其学。德鲁克的战略思想影响深远，但不愠不火，没有像安索夫的战略计划学派、迈克尔·波特的战略定位派那样曾大红大紫，一时无双。

也正是这种"形散而神不散"的灵动，让他的思想没有被结构所困，而局限于某一视角中盲人摸象，以偏概全；也没有因痴迷于独树一帜的理论创新，而迷失战略管理的初心，陷入过程重于结果的误区，乃至多年后回顾将《商业战略》更名为《成果管理》一事，他也认为是恰当的，因为战略的本质就是要提供成果。笔者将好战略的衡量标准定义为保证有质量、可持续增长的规划吻合了德鲁克"结果重于过程"的思想。

距离德鲁克的企业战略思想启蒙已经六十多年，虽然今天看上去其阐述的概念已经略显粗糙，但其对战略使命、宗旨、核心框架跨越时空的洞见，只能被完善补充，无法被超越，其对战略本质"不拘泥形式和过程"的深邃洞察，对当下企业战略管理仍然极具指导意义。

安索夫和战略计划学派

和德鲁克的"灵动"迥然不同，安索夫的风格则是逻辑缜密、科学量化，安索夫试图通过让战略工作规范化、程序化、标准化、科学化，使战略管理成为一门专业学科，让战略管理职能成为如财务、人力资源管理一样不可或缺的专业职能，进而让战略成为专业人士主导的领域，所以安索夫对战略作为专业学科的创立，以及树立战略管理职能权威功不可没。

作为战略管理体系的奠基人，安索夫率先提出了由战略分析、战略制定、战略执行和战略控制组成的战略管理闭环体系，其中包括缜密的战略制定程序和分析方法、技术，以实施对战略的有效控制，使其处于被管理状态，所以他又被尊为"战略管理之父"。虽然战略形成的方式被不断地检讨，但是基于管理日历定期进行战略的研讨、（再）设计和迭代、分解、执行评估和复盘，现今仍然为大多数优秀企业作为固化的流程在使用。

从20世纪60年代末到70年代，以安索夫为代表的战略计划学派影响力如日中天，红极一时。在战略计划学派的主要影响下，在20世纪70年代初，美国最大的500家企业中有85%建立了战略计划部门，但进入20世纪80年代，战略计划学派的影响力快速衰落，在理论上被口诛笔伐，在企业实践中被检讨，甚至被扬弃。战略计划学派陷入困境的主要原因是它所推崇的"由战略管理职能主导的科学战略规划模式"，在企业实践中逐步暴露出来一系列硬伤。

战略由职能主导的谬误。安索夫试图让战略制定成为由战略管理职能人员主导的专业工作，这是有问题的。因为大部分战略管理职能人员并不参与具体的战略执行工作，缺乏对行业业务和一线实际的了解，仅凭延迟、空洞和被高度集中化的硬信息，靠想象闭门造车做出的完美战略，在实践中很少能够被成功执行，而这也必然引起了战略管理职能部门和负责战略执行的业务负责人、部门之间的矛盾和冲突。

准确预测环境的谬误。 战略计划学派假设环境是稳定和可预测的，所谓对未来环境的精准预测，往往或是基于过去推测未来，或是对未来已来的现实进行的"显而易见的预测"。事实上，诸如俄乌战争、新冠疫情这样的不连续事件，是难以预测的。所谓静态战略环境过去没有，未来更很少会存在，变化要比计划快反而是事实。所以，战略是基于假设的反应，而非基于预测的决策。

程序化制定战略的谬论。 战略计划学派致力于通过"流水线"制造出一次性深思熟虑的战略，意图用科学性来代替艺术性，用程序的确定性来消除直觉、创意的不确定性。但事实证明，好战略的形成往往是一个战略制定和执行之间、思考和行动之间相互促进、互动，持续被验证、完善、渐进而又不断涌现的过程。

战略设计学派

以哈佛商学院教授肯尼斯·安德鲁斯（Kenneth R. Andrews）、克里斯坦森（C.M.Christensen）等为代表的战略设计学派，和战略计划学派同样兴起于20世纪60年代中后期，他们虽然不像计划学派那样红极一时，但是其理论框架和思想对其他战略学派的发展乃至战略咨询公司的工具创新，奠定了基础，提供了指导，该学派所提出的主要概念一直是大学生和MBA战略课程的基础。

战略设计学派的代表主张包括以下4点。

1. 好战略的关键在于外部机会、威胁与内部优势、劣势的匹配。大名鼎鼎的SWOT战略分析框架[①]，就是安德鲁斯1971年在出版的《公司战略概念》一书中提到的。虽然战略思想和工具此后不断推陈出新，但万变不离其宗，大都遵循SWOT战略分析框架，难以突破和超越。

2. 好战略的设计和选择主要取决于企业最高领导人的战略思考和判断，并受到个人价值观和社会责任的影响。

3. 由于不同公司与不同行业差别太过巨大，管理者的雄心壮志和价值观也太过多元，每个企业的战略都是个性化的。

4. 战略应该简洁，并给予明确表达，以便于上下沟通，统一思想，凝聚人心。

20世纪80年代，随着战略计划学派快速衰落，战略设计学派的主张再次被引起关注，但真正让哈佛商学院在企业战略领域名闻天下的是迈克尔·波特。

第二阶段：20世纪80年代的"战略定位期"

如果说20世纪70年代，企业战略学界影响力最大的是安索夫及其战略计划学派，那20世纪80年代无疑是迈克尔·波特及其战略定位学派。迈克尔·波特基于产业竞争结构的战略定位理论，以及"五力模型—三种通用战略—价值链"这套逻辑耦合、高度凝练的结构体系，不仅在理论界叫好，而且在企业界叫座，让战略走进企业大众，他也因将

[①] SWOT战略分析框架：用于评估组织的内部优势（Strengths）、劣势（Weaknesses），以及外部机会（Opportunities）和威胁（Threats）。它帮助企业或项目管理者全面了解当前的情况，制定有针对性的战略。

企业战略学提升到前所未有的高度，而成为当之无愧的战略界领军人物。

总结起来，迈克尔·波特在以下三个方面做出了重大贡献。

一、创新性地构建了以产业竞争结构为基石的企业战略范式

和用产业发展阶段、集中度、进入壁垒、供需关系等来描述不同，波特对影响产业特性和结构的底层影响因素进行解构，精妙地提炼出购买者、现有竞争者、供应商、潜在竞争者、替代品五种关键因素，并赋予其（竞争）力量强度，进而形成产业的竞争结构，由此决定了产业的营利性和吸引力，这就是著名的五力模型。

在波特提出产业环境分析之前，外部战略环境的分析侧重于对经济、社会、科技、政策等宏观整体层面机会和威胁的预测和分析，以及和微观企业层优势和劣势的匹配，但缺乏对中观产业层的深挖，而产业层是承上启下的关键，也是战略环境分析的精妙所在。波特抓住了战略环境分析的牛鼻子，虽然仅限于产业的结构分析，尚不足以满足洞察产业本质的需要，但中观研究的大门已开。

二、提纲挈领地总结出三种通用战略模式，把战略带入内容时代

不论战略设计学派还是战略计划学派，都更多关注战略制定的过程和方式，很少涉及战略内容本身，而且战略设计学派尤其认为每家企业的战略都是不一样的，都应该是个性化量身定做的结果。而波特代表的

战略定位学派和它们最大的不同就是以战略内容为重,而且波特更进一步把战略内容标准化为三种类型,"竞争优势的两种基本形式与企业寻求获取这种优势的活动范围相结合,就可引导出在产业中创造高于平均经营业绩水平的三个基本战略:成本领先、差异化和目标集中。集中战略有两种变形:成本集中和差异化集中。"①战略"傻瓜化"的效果是三种战略类型被广为传播,人尽皆知,战略内容成果成为战略理论、出版和企业界关注的热点,战略进入内容时代。

三、提出价值链,把公司战略定位和内部价值活动打通,全面升级匹配理论

战略设计学派认为组织结构要匹配战略,企业内部能力、优势要和外部机会匹配,因此明茨伯格在进行战略分类时,把匹配标记为战略设计学派的主要特征。20世纪80年代中期,波特引入价值链的概念,将战略匹配进一步升级为企业内部价值创造活动和战略定位的匹配。价值链理论②的提出使得波特的战略理论形成"产业竞争结构分析(五力模型)+公司战略定位(三类通用战略)+价值活动承接(价值链)"的完整闭环体系。

波特的理论自诞生日起就饱受争议,其最大被诟病之处在于忽视企业内部的组织和人,他假设企业间的组织管理能力是均值的,这在很大

---

① 明茨伯格,阿尔斯特兰德,兰佩尔.战略历程:穿越战略管理旷野的指南[M].魏江,译.北京:机械工业出版社,2012.
② 价值链把企业内外价值增加的活动分为基本活动和辅助活动,其中基本活动包括企业生产作业、市场和销售、物流、服务,辅助活动包括技术开发、采购、人事、财务等。

程度上受到他的战略研究方法论的影响。波特的成功之处是将经济学的成果和方法论引入战略学，因此更关注外部环境，倾向于满足对经济学尤其是计量经济学的研究要求。也难怪安德鲁斯就尖锐地指出："波特一直在这个概念下研究，却因为兴趣导向不同而越来越远离人文、道德和伦理的元素。"[①]

第三阶段：20世纪90年代的"核心竞争力期"

在波特的战略定位学派影响力如日中天之时，以倡导由内而外思考战略的能力和资源学派，从20世纪80年代开始异军突起，更是以1990年核心竞争力理论的提出，而红极一时，但"核心竞争力"终因缺乏统一、明确、可操作的分析框架和行动指引，而没能像战略定位理论那样，形成持久深远的影响力。后核心竞争力时代，"整体"能力观（强调以核心流程打造战略能力）和"皈依SWOT"的资源基础观，扛起了将核心竞争力实施到底的大旗。

"雷声大，雨点小"的核心竞争力

1984年伯格·沃纳菲尔特（Birger Wernerfelt）发表了《公司资源基础论》一文，提出应将内部独特、难以流动的资源作为战略思考及形成战略竞争优势的基础。虽然该文代表了资源基础观的诞生，但并没有

[①] 基希勒三世.战略简史[M].慎思行，译.北京：社会科学文献出版社，2018.

引起企业界太多的关注，直至1990年，普拉拉哈德（C. K. Prahalad）和加里·哈默尔（Gary Hamel）在《哈佛商业评论》发表了《企业的核心竞争力》一文，其强大的冲击力在企业界赢得了广泛的关注。

不知是否刻意，核心竞争力理论事实上和波特的理论处处反着来、对着干。

波特对外求战略，它则对内求战略；波特认为日本企业没有战略，它则认为日本企业基于底层的核心能力，是最好的战略；波特理论行业边界清晰，它则行业边界模糊；波特的战略理论高度结构化（五力模型—三种标准化战略—价值链），它则结构发散，语义混沌；波特理论高度实操化甚至是傻瓜化——菜单式的有限战略选择，它则只有理念，没有具体落地框架和指引，给现实无限可能。

也正是这些差异，使得"成也萧何，败也萧何"，让核心竞争力理论最终"雷声大，雨点小"。20世纪80年代中期后，随着竞争全球化，新技术迭代速度和冲击强度加剧，波特的静态和精准定位越来越不适应外部复杂和不确定的环境，而核心竞争力理论则恰逢其时地提出对内求战略的动态能力观，通过组织学习以动制动，给焦虑的企业开出了一副"安慰剂"。同时，核心竞争力理论通过立足发现和培养隐藏于产品和技术之下，归属于组织层面的核心能力，为苦于受定位理论明确行业边界所限的企业，提供了一个"基于核心能力共享实施多角色管理"的解决方案。但核心竞争力理论的不足是仅仅针对正确问题，提供了现象级的抽象和模糊的概念，如"灵动的组织学习""将公司层的技术与生产能力整合，从而构建公司的核心竞争力"，《战略本质》一书对此的评价是"更进一步扩充了管理学的词库，但并未让公司对于战略的讨论日渐清晰，反而使其变得空前混乱""几乎所有顾客都难以准确界定自身的核心竞争力"。核心竞争力理论终因缺乏对核心能力的深层剖析、概念界定、结构构建、可操作的实施方案，在快速蹿红，赚取了一波流量后，归于平寂。

后核心竞争力时代

后核心竞争力时代，包括波士顿咨询的斯托克、埃文斯等一批来自管理咨询界的研究者，提出整体能力观。整体能力观与核心竞争力理论不同的是，核心竞争力理论认为核心能力是客户感知不到的深藏于组织底层的"树根"，整体能力观则认为核心能力是客户能够感受到的，集中体现为"差异化的业务流程"。整体能力观因为明确以流程作为能力的载体，通过打造以客户为中心、端到端的跨部门的业务流程，和核心竞争力形成互补，使得基于能力视角的战略观得以在企业中开花落地。

在经历了由外部产业结构主导战略（战略定位学派），以及由内部核心能力主导战略（核心竞争力理论）两个截然相反的战略观后，战略研究的指针开始趋向中间，强调内外平衡的设计学派观点开始回归。后核心竞争力时代，资源基础观遵循SWOT经典范式，将公司的内部分析与产业和竞争环境的外部分析结合起来，从而在上述两种迥然不同的研究方法之间架起一座桥梁，实现了对两种竞争战略理论的集成，以此将核心竞争力这一理论付诸实际行动。

进入21世纪，持续了四十多年的战略理论研究和创新逐渐进入沉寂，此后鲜有广泛影响力的战略创新理论和管理大师出现。出现这种情况的原因有两个：一是美国经济进入由互联网、人工智能等创新科技驱动发展的阶段，在VUCA环境中，持续创新、敏捷反应成为主题，经典战略理论适用的相对静态的场景在美国已经鲜见；二是战略理论和思想的研究经过四十多年的发展，已经非常丰富和完备，并且相互交融趋向成熟。战略理论的研究和创新经过20世纪60、70年代的"战略启蒙和建构期"、20世纪80年代的"战略定位期"，以及20世纪90年代的"核心竞争力期"，已经完成了"内外平衡框架—由外而内—由内而外—内外再平衡"的轮回。各种战略理论、思想和学派在此期间百花齐放、百家争鸣（明茨伯格将之总结为由十大门派组成的战略丛林）、相互借鉴，并且在20世纪90年代后你中有我、我中有你、加速融合，至今已经形成了非常完备的企业战略思想和工具库。

"经典战略管理"面临的窘境

诞生和发展于美国20世纪60—90年代的经典战略管理理论，标榜和推崇的是一套"以稳定性来追求战略管理效率"的战略管理体系：决策层负责战略思考，执行层负责行动，决策和执行分离，分工明确、责任清晰，这既能够充分发挥决策层的信息优势、能力优势，又能够充分维护好组织的秩序和指挥权的统一，保证组织运营的效率。深思熟虑的战略一旦形成，就要像"圣经"一样被不打折扣地严格执行，战略执行被目标考核和预算管理体系等严格控制和管理，以充分保证战略的执行力。

经典战略管理理论长期统治教科书，也是大多数企业战略管理职能人员推崇和遵循的主流方法论，但就其落地实效，越来越受到质疑：大部分战略规划无法得到执行，僵化地执行会导致"有战略还不如没有战略"，业务部门领导的满意度低等问题。

经典战略管理理论，为什么遭遇如此窘境？归根结底有两个方面的原因。

一、经典战略管理理论对环境的假设在现实中已经不成立。经典战略管理理论之所以崇尚决策层深思熟虑的战略决策，以及决策和执行分离，是因为基于两点假设：一方面决策假设的科技、政治、经济和社会等外部环境，在相当长时间范围内是稳态不变的，另一方面决策层可以及时掌握来自一线支撑其决策的信息。而在全球化、信息化、数字化时代动态、复杂、模糊、难于预测的环境下，这两点假设对大多数行业、企业，已经不现实、不成立。

二、经典战略管理理论最适用的是处于成熟发展阶段、外部环境相对稳定、行业集中度高的大、中型企业；而最不适用于处于创业、孵化期，并且外部技术和客户需求多变的创新产业企业，因为对于这一类企业，成功的关键是"敏捷"。

第二节
动态化升级"经典战略管理"

与美国企业战略兴起的市场阶段相吻合，目前中国大部分传统行业，乃至过去二十多年高歌猛进、风光无限的互联网消费产业，随着互联网红利的消失，也都逐步进入了存量市场时代。五十多年前曾经在美国市场上演的存量竞争、产业整合的大戏，也出现在了现阶段的中国，虽然剧情增加了互联网、数字化等动态新元素，但产业集中化演变的趋势和企业竞争的规律并没有发生根本性变化。

"以稳定性来追求战略管理效率"的经典战略管理理论，自20世纪60年代兴起，经过近四十年众多战略管理学派的补充、完善和贡献，已经发展成以"效率、秩序、执行力"见长的科学、完善的体系，是以美国为核心的西方理论和企业界不断摸索、积累形成的"瑰宝"。

虽然时代、国情不同，经典战略管理理论的兴起和发展脉络，对于后进的中国企业来说，仍然极具参考和学习价值。尤其对于面临存量市场时代，急待完成战略驱动增长转型的中国企业来说，追根溯源、深入学习、把握真谛、消化、吸收，反而是"恰逢其时"。

相较经典战略管理理论兴起和发展的相对静态的环境，目前和未来十年，全球和中国企业面临的是动态、复杂、模糊、不确定的外部环境：全球政治和经济都面临百年未有之大变局，疫情、气候灾害频发，全球化下脆弱的供应链面临脱钩、断供的风险，ChatGPT等人工智能技术的突飞猛进给众多行业带来颠覆性冲击。这些因素客观上要求中国企业在积极吸收经典战略管理理论精髓的同时，通过采用动态化战略管理流程和策略，来将静态战略管理体系升级为动态战略管理体系，让战略管理更具有弹性，更能快速反应外部环境和市场的变化，进而实现稳定性和灵活性平衡统一。

动态化的战略管理流程

原则一：越长期越稳定，越短期越灵活。

越是时间跨度大的长期战略规划，越应该保持稳定性；越是时间跨度小的短期战术、举措和打法，越要保持足够的灵活性。因为长期政治、经济、科技等趋势不会轻易发生变化，容易发生改变的往往是突发的政治、经济上的黑天鹅和灰犀牛，区域性政策、法规以及微观市场的"客情""敌情"。所以越是长期的三年甚至五年的战略规划，复盘和修订的周期就应该越长，一般周期为一年；而越是短期的战术、举措和打法，复盘和修订的周期就应该越短，具体可以视行业和外部环境的变化强度而定，例如对处在强动态环境中的新兴行业企业，战术、举措和打法的复盘和修订的周期可短至一个月。

原则二：滚动制定战略规划。

面对多变、复杂的外部环境，企业的战略规划不宜采用类似"五年规划"的静态管理方式，而应该采取滚动制定战略规划的方式。具体来说，基于"看五年，想三年，干一年"的原则（不同行业应有不同，传统稳定行业可以看十年，想五年，干一年），每年应该根据过去一年战术的执行情况以及外部环境一年来的变化情况，完善、修订战略假设，滚动制定未来三年或者五年的规划，并制定未来一年的滚动战术行动方案。

动态化的战略管理策略

策略一：积极鼓励和推动各业务、区域和一线创新。

布局孵化创新业务，提高孵化成功率。对于反映行业未来发展趋势和企业的资源与能力具有协同效应的创新业务、技术和产品，企业应该大胆布局，包容试错，差异化管理，提高孵化成功率，打造增长新动能。

设置改革创新特区和试验田，积极鼓励创新、开拓。在风险可控的前提下，设置改革特区，匹配有创新思维、有开拓意识、能力突出的领导干部，赋予他们更大的权限，创新业务、组织和打法，并且及时跟进总结成功经验，以点带面推广实施，完善、升级整体战略。

鼓励和及时总结提炼作战单元的大胆尝试和创新战法。这里的作战单元既包括公司所属各业务（品类）的一线作战单元，也包括渠道、经销商等直接服务客户的合作伙伴。一线作战单元最熟悉客户的需求、战场的"敌情"，好战略离不开一线作战单元创新实践的启发、推动。例如，欧派家居之所以能够引领行业创新，其中一个关键原因在于鼓励作战单元和合作伙伴积极创新打法，"整装大家居""全屋柜类22平方米仅需19800元套餐"等神来之笔，都来源于欧派家居优秀经销商的率先创新实践，而各级"作战指挥员""参谋"要经常深入一线，洞悉客户需求，了解战情、敌情，及时把作战一线的创新战法和最佳实践进行提炼、升华和推广。战略举措一定要有硝烟味、战火气。好战略尤其是支撑落地的关键举措、打法不是关在屋子里规划出来的，分析数据、搜集行业趋势研报固然必不可少，但一定离不开对一线实情和实践的提炼、升华；决策依据的重要信息、数据不能和业务一线实际脱节，要得到一线的实践、实情的验证。

策略二：不确定时散养、广泛撒网，确定时温室管理、集中突破。

在面临多个机会和多条技术路线选择时，小企业因为规模小资源少，一般只能别无旁骛、孤注一掷，所以创业阶段的小企业普遍经营风险大、存活率低；但当企业具有较大规模和相对充沛的资源，尤其是进入成熟发展阶段后，既需要捕捉新机会以获得增长动能，又要规避单一机会和方向选择的风险。这时候可以采取"不确定时广泛撒网，确定时集中突破的策略"，从而在确定时追求稳定性，发挥能力强、集中办大事的优势；不确定时追求灵活性，规避决策僵化和单一性的风险。

具体来说，就是在目标客户及其需求、技术发展方向、商业模式等都存在较大不确定性尤其是存在多项选择时，企业宜采用"在花园广泛播种"的低成本方式。一旦外部技术方向明确或内部商业模式走通，企业就加大投入，改用"温室管理"模式，聚焦饱和突破，一举建立领先优势。华为将之形象地称为"先打一枪，再开一炮"。

战略形成的草根模型[①]

战略最初就像花园里的种子一样成长，而不像在温室里培育的西红柿。换而言之，战略形成的过程可能被管得太多了，在一个未成熟的组织中，有时候让模式自然产生比强加一种人为的连贯性要重要得多。如果需要，可以让温室晚一些出现。

这些战略可能在任何地方扎根，本质上是指只要人们拥有学习能力以及拥有可以支持学习能力的资源，任何地方都可以产生战略。有时候是个体或单位通过一个机遇创造了它们自己的模式。并且，外部环境会将一个模式强加给一个毫无准备的组织。问题在于，组织不总能预计到战略将会出现在哪里，更别提制定战略了。组织就像花园，可以接受足够长的时间去播种然后收获，即使它们有时候收获到的不是播种时想要收获的，会聚阶段（组织利用现有的成熟战略）可能被分散阶段（组织实验新的战略主题并接受之）打断。

要想管理这个过程，不在于预想战略，而是去识别战略的出现，并且在适当的时候加以控制。一旦发现一个有害的种子，最好立即连根拔除。如果发现可以结出果实的种子则值得看护，事实上有时候甚至值得为它建一个温室。要管理这种情况就需要营造一种氛围，在这种氛围下各种不同的战略都可以"生长"，然后须知道何时为了内部效率而抵制变化，何时为了适应外部环境而鼓励变化。

[①] 明茨伯格, 阿尔斯特兰德, 兰佩尔. 战略历程：穿越战略管理旷野的指南[M]. 魏江, 译. 北京：机械工业出版社, 2012.

策略三：不可逆时深思熟虑，可逆时敏捷试错。

企业在面对不同重要性和影响力的机会和项目时，应该采取差异化的决策和执行方式。对于攸关企业前途命运、直接影响企业生存发展的机会和项目，企业宜采用集中权力、决策层深思熟虑甚至达成共识后执行实施的方式，以此避免造成重大、无法挽回的损失；对于不会影响全局，但需要快速反应市场的机会和项目，则授权给敏捷、赋能的小团队，鼓励采用"快速行动—试错—迭代"的敏捷战略，进行低风险、可逆转的创新。

敏捷战略

对于创新产业，尤其是处于创业阶段的企业或孵化期的业务，应该采取敏捷战略，即思考行动一体化、决策执行一体化，以速度替代完美，快速迭代、试错完善。

因为这类企业有内外部太多的不确定性，甚至还不知道自己的客户是谁，自己的产品应该是什么，能"走通"的商业模型是什么。所以首先要抵挡住"好的计划、可靠的战略和深入市场分析造成的诱惑"，采取决策执行的"汽车驾驶"模式而非"火箭发射"模式：通过转动方向盘、换挡，来不断调整方向和引擎动力，而不能像发射火箭一样，事前确定好复杂的计划、细致入微的步骤和期望得到的结果并严格执行，否则最后往往会是以失败收场。李开复曾经就此指出："必须改变决策—执行模式，否则要么决策不对，要么执行不到位""有问题不奇怪，采用随时决策、随时执行、快速周转的循环系统。"

其次就是要快，遵循"开发、测量、认知"的产品研发原则，快速试错、快速反馈、快速迭代，通过"确定目标客户—小范围试验—反馈修改—产品迭代—获得核心认知"的节奏，最终实现企业的高速增长。

埃里克·莱斯（Eric Ries）在《精益创业》一书中，曾就此做过具体描述。

创业的第一阶段是把想法变成产品，这个时候开发的产品是精简的原型，投入最少的金钱和精力开发出体现核心价值的产品；此时创业者率领精干的成员，用类似特种部队的组织方式，在有限资源和时间窗口内用很短的时间做出产品，并快速投入市场，通过不断的小规模试验，获得客户反馈，进而不断迭代，让产品得到市场验证。

在创业的第二阶段，新创企业要对正确的产品形态进行重点投入，做好做细，做最了解用户的人，并且做到极致。在这个阶段，必须用最小的成本，在最短时间里找到最优价值的认知。

在创业的第三阶段，成功者往往伴随着爆发式的增长和全面的扩张，企业开始与传统的、陈旧的市场势力展开阵地战，这一过程中，创业企业的力量之源正来自此前积累的对用户的深入理解和对市场的快速反应。

| 第四章 |

Chapter 4

好战略的根能力——组织管理力

西方经典战略理论的一大缺陷在于倾向于假设企业间组织管理力的差异不大,但事实上,不同企业的组织管理力是不同的,尤其是中国优秀企业的成功实践证明,组织管理力反而是企业好战略的决定因素。

第一节
组织管理力是好战略的"根能力"

以波特为代表的经典战略管理理论认为"战略决定管理",但一些中国著名企业家在多年的战略和管理实践后,往往会殊途同归,认为组织管理力高于战略。比如,任正非谈道:"战略方向应大致正确,但组织必须有活力",而宁高宁则认为,"任何战略要想成功,首先要把人和团队组织好,这高于战略,是战略成功的前提、基础和出发点"。

无疑,正像战略学习学派批评的,定位学派的硬伤是"忽略了人",他们假设每个企业在组织管理力上都是均质的。而实践证明,组织管理力反而是影响战略执行甚至战略本身好坏的决定因素。定位学派有此硬伤的一个重要原因,是他们对管理内涵的假设还停留在管理学发展的初级阶段——"对事"的职能管理层面。

这里需要对管理的内涵做一下澄清:管理学科最大的痛点,就是很多概念的定义似是而非,其中尤以管理一词为甚。管理一词,不同的人在不同的场景下会有不同的理解。试想,当写东西的人和看东西的人对管理一词的理解完全不在一个维度上时,将会多么低效和混乱。我们也就不难理解,一些热爱学习的企业管理人士很勤奋地读了很多碎片化的管理文章，最终还是不懂其要、不得其法。

从管理学发展史看，管理的发展可以分为"职能管理"和"组织管理"两个阶段。职能管理以事为中心，基于分工，从功能模块的角度来定义管理，如把管理看作控制、做计划、定标准等，古典管理学派的亨利·法约尔（Henri Fayol）、马克斯·韦伯（Max Weber）、泰勒（F. W. Taylor）等人是其理论代表；组织管理则是从人、事、组织之间关系的角度来定义管理，如认为管理就是要"实现人和人、人和组织以及组织和组织之间的协同"，经验管理学派的彼得·德鲁克、社会系统学派的切斯特·巴纳德（Chester Barnard）等人是其理论代表。

职能管理和组织管理的最大的区别是前者"目中无人"，后者"目中有人"。前者更多把企业看成机械化、官僚化的机器，后者则是把企业看成由人组成的社会协同组织。需要特别指出的是，组织管理并不是对职能管理的扬弃和否定，而是在职能管理基础上进一步发展和升级的更高阶段。

战略定位学派的"战略决定管理"论，为什么实效性差？众多企业的看上去很美的战略为什么只能锁到柜子里，无法落地执行？其中一个重要的原因就是对管理理解的差距：比如任正非眼里的管理，是"解决人和组织协同"的组织管理，而在定位学派和上述众多企业眼里的管理是仅限于管控、计划的职能管理。一念之差导致了管理提升的瓶颈和天花板，也形成了管理实践水平的天壤之别。企业实践证明，人和人的问题、组织和组织的问题、人和组织的问题如果解决不好，战略设计和执行其实都是扯淡。

存量市场时代是能力竞争的时代。组织管理力就是打造一个强大组织的能力，组织管理力是比专业能力更底层的能力，可以跨越行业的边界，具有更强的扩展性、持久性和生命力。长期来看，组织管理力强的企业，专业能力一定强；但专业能力强的企业，组织管理力未必一定强。

组织管理力的打造需要投入、持久、耐心和科学、专业的方法，尤其对中国企业来说，组织管理力的建设难度更大。因为对于中国企业来说，囿于小农经济和儒家文化的长期影响，普遍存在组织意识差、协同意识弱的问题，所谓"一个人是条龙，三个人是条虫"说的就是这一问题。

但是组织管理力一旦形成，就构成对同行业企业短期难以超越的降维打击能力，因为组织管理体系建设遵循"飞轮效应"[①]。虽然需要持续发力，但是一旦达到临界点，飞轮开始转动，巨大的力量和领先的优势就会爆发出来。事实证明，越是遵循飞轮效应的领域，越容易构成和竞争对手拉开差距的竞争优势和核心能力。所以，组织管理力构成了企业的核心竞争能力，直接决定组织执行力乃至影响战略本身，是好战略的根能力。

---

① 飞轮效应（Flywheel Effect）是指一种持续的积累效应，它源于通过持续的小幅改进或努力，最终带来巨大的成果或动量。这一效应的核心思想是：当一个系统或组织经过不断地积累发展和完善后，就像飞轮一样，虽然最初需要付出很大努力来推动，但一旦飞轮开始转动，它就会保持较高的惯性，带来持久而强大的效果。

第二节
中国企业领先的组织管理力建设

相较已有两百五十年左右工业文明史的西方现代企业,"打造强大的组织"对中国企业来说绝不是轻而易举的事情。甚至在21世纪初以前,中国管理理论界对"中国企业能否把员工组织起来,打造出真正具有全球竞争力的强大组织"这一命题是没有信心和把握给出答案的。

由于深受漫长农耕文明和儒家文化的影响,中国社会形成了"重个人而缺乏组织、团体合作意识""重关系而缺乏规则意识、契约精神""重短期实用而缺乏长期信仰"等思想意识,这些意识根植于深层文化中,成为中国企业建设强大组织的先天障碍。

其中,德国著名的社会学家马克斯·韦伯就指出,资本主义之所以能够在西方快速发展的文化根源在于和资本主义同时代发展的基督教新教。相较儒家文化,新教更有利于资本主义精神和市场化组织的建立和发展:新教伦理剪断了组织中人与人之间的宗法氏族关系,帮助西方企业建立起有共同信仰,以规章、制度为准绳,基于工作而非私人关系的客观、法制、理性经营的组织;而儒家文化则倾向于以血缘和家族为纽带建立共同体,人与人之间缺乏共同信仰和理性、客观、法制的组织治理基础，因此阻碍了资本主义和现代企业组织的发展。

中国著名社会学家费孝通先生在《乡土中国》一书中，进一步揭示了在长期农耕和儒家文化影响下，中国社会形成的熟人、关系型社会结构及自我主义等行为特征："因为我们儒家最考究的是人伦，'伦'是什么？我的解释就是从自己推出去的和自己发生社会关系的那一群人里所发生的一轮轮波纹的差序"，"中国社会结构的基本特征是差序格局，即由亲属关系和地缘关系所决定的有差等的次序关系"，"一个差序格局的社会……所有的价值标准也不能超脱于差序的人伦而存在了。""在这种社会中，一切普遍的标准并不发生作用，一定要问清了，对象是谁，和自己是什么关系之后，才能决定拿出什么标准来。"[①]

所以，在中国社会乃至国外华裔社群中存在一些广为诟病的顽疾：拉关系、讲关系，喜欢根据血缘、地缘（如老乡、同学）拉帮结伙；根据关系远近、亲疏来斟酌执行规则，缺乏一视同仁的规则意识；还有所谓麻将文化——看住上家、盯住下家，窝里斗，这种自我主义、缺乏团队协作、互助共赢精神的毛病。在美国，华裔知识分子和技术人员虽然聪明、勤奋，但鲜有像印度裔那样成为众多美国著名科技公司、大学等机构的主要领导人，"印度裔讲团队、抱团打天下，中国人讲个人、孤军奋战甚至相互拆台"被认为是最关键的原因。

在中国改革开放四十多年的时间里，中华文明完全融入全球化当中，虽然尚存在明显的区域差异，但在现代工业化、信息化文明的冲击下，中国传统小农经济、儒家文化的糟粕被检视、冲刷和洗礼，一批中

---

① 费孝通. 乡土中国[M]. 长沙：湖南人民出版社，2022.

国优秀企业将数以万计的员工，统一在共同的文化思想、目标和机制下，"利出一孔、力出一孔"，打造成"企业有信念、员工有激情、管理有能力、组织有活力"的强大组织，一洗"一盘散沙、中国人难组织"的耻辱，令世人侧目。深度挖掘它们成就强大组织背后的根因，可以总结为以下四点共性的规律。

第一，善于洞悉人性、激发人欲。

打造出强大组织的企业家皆为"人性大师"：他们高度重视人主观能动性的价值，善于管理和激发人欲，基于对人性的深刻洞察，结合和借鉴西方先进理论和实践，打造出一套有利于企业持续增长、员工持续创造价值的利益分配和激励机制，使得员工对实现组织目标和个人成长充满激情。

拥有强大组织管理力的中国企业，无一不是引入了西方基于现代心理学理论建构的人的激励管理体系，亚伯拉罕·马斯洛（Abraham Maslow）的需求层次理论在中国优秀企业中得到了广泛认可，成为构建企业激励管理体系的理论底座之一。

人欲（需求）是多元的，正如马斯洛需求理论提炼的，从初级的生理和安全需求，到中级的社交、接纳、尊重的社会需求，再到高级的成长、自我实现需求。拥有强大组织管理力的企业，其对人欲管理的成功之处在于不是停留在被动满足，而是打造出一个由甄选、挖掘、强化满足、差异升级组成的系统。

甄选："欲望强烈，要性强（阿里巴巴土话，指能够自我驱动，有自我驱动能力）"是华为、阿里等成功企业招聘新员工的优先标准。尤其对于校园和低层级的员工招聘，它们特别喜欢"寒门学子"、饥饿感强烈的员工。

挖掘：对于欲望不明显、不突出，自驱力不强烈的员工，成功企业要求管理者要善于帮助下属挖掘他们的原动力、成就点，阿里巴巴把这称为帮助员工找到"扣动心灵的扳机"。

强化满足：成功企业对于员工的需求皆采取强刺激、强满足的方式，一是高于行业平均水平、有竞争力的薪酬，并普遍给予核心员工股权或分红激励，另外拉开收入差距，给火车头加满油，形成收入落差，制造激励势能，进一步调动和强化员工赢得更高收入、获得更强刺激的动力，进而为组织创造更大价值。

差异升级：对于不同层级、不同需求层次的员工，采取差异化的需求引导、刺激和满足方式。例如，华为就特别强调，基层要有饥饿感、中层要有危机感、高层要有使命感。

人性又是复杂的，中国有人性善、人性恶之说，西方有X人、Y人的不同假设，[①]所以即使组织管理成功的企业，由于所处行业、战略，乃至创始人的人生经历不同，对作为管理底座的人性的理解和假设也会存在差异。例如，追求运营效率的传统行业企业，在人性复杂的前提下更偏向于X人的假设，所以在制度设计中更突出管控，积极引导和激励员工去摆脱人性中懒惰、好逸恶劳、以自我为中心等劣根性；而追求创新战略的以互联网行业为代表的知识型、科技型企业，在人性复杂的前提下则更偏向于Y人的假设，所以较前者，在制度设计中，更包容个体

[①] 美国心理学家道格拉斯·麦格雷戈（Douglas McGregor）于1960年代提出，这是一对基于两种完全相反假设的理论，X理论认为人们有消极的工作原动力，而Y理论则认为人们有积极的工作原动力。X理论又被称作人性本恶理论，而Y理论又被称作人性本善理论。

的差异，侧重于鼓励张扬员工的个性，顺势利导员工闪亮点的发挥。

第二，崇尚、树立信念，践行、坚守核心价值。

拥有强大组织管理力的企业无一不相信"相信的力量"，无一不是构建起来由"使命、愿景和核心价值观"组成的强大的信念体系。虽然每一家企业，其信念体系导入的时点、包含的内容维度、使用的深度、体系迭代的频度甚至达到目标的途径有所差异，但是在成功构建和推行信念体系当中，都遵循了以下两个原则。

领导人率先示范。 领导者尤其是创始人相信"相信的力量"，笃信信念的价值，是企业信念体系的第一信徒和传教士，他们抓住各种重大时点、场合和仪式的机会，积极宣贯公司使命、愿景和核心价值观；坚持基于价值观和原则的领导，深悟作为组织领袖的一言一行的组织放大效果，身先士卒示范企业的核心价值观。

虚事实干，务实体现，利益捆绑。 企业信念体系着眼长远、弘扬精神层正能量、倡导过程上的真善美，这一特征，也极易让企业信念体系建设陷入务虚的泥潭：脱离实际，不接地气，假大空，没有生命力，投入大量精力、物力但最终收效甚微，甚至得不偿失，助长了形式主义的作风，走向了初心的反面。而拥有强大组织管理力的企业则不然，越是虚事越是实干；越是理想、长期主义，越是走群众路线、体现务实、用业务和实践检验；越是过程，越是用结果衡量；越是精神引导，越是用利益捆绑。华为将这种方法论称为"扭麻花"，具体内容如下。

（1）核心价值观的标准和内容来自企业成功经验和案例的总结、提炼和升华，来源于实战、业务、一线，得到大多数员工的认同和支持，甚至深度参与核心价值观的制定，而不是抄袭模仿，闭门造车，领导者拍脑子的主观臆断。

（2）核心价值观体现绩效导向，支撑价值创造。例如，华为的核心价值观"以客户为中心，以奋斗者为本，长期艰苦奋斗，坚持自我批判"体现的就是对高绩效和价值创造的支撑，其中"以客户为中心"指向方向，"以奋斗者为本"指向动能，"长期艰苦奋斗"指向行为，"坚持自我批判"则指向方法和手段。而阿里在推行核心价值观的过程当中，也坚持用业绩成果作为践行核心价值观效果的衡量手段，阿里将此称为"为过程鼓掌，为结果买单"。如果出现核心价值观评价高，但是最终业绩结果不好的情况，阿里会及时反思、检讨和调整核心价值观的内容、标准，从而实现了"从长期看，价值观好的员工绩效也好"。

（3）机制落地，利益捆绑，习惯固化。核心价值观的实施、落地，最大的挑战之一，就是听起来心动、干起来不动以及行为反复。所以，成功企业把核心价值观融入机制、制度设计里，用于绩效考核、人员晋升、后备选拔，和各层级员工的利益捆绑，反复抓、抓反复，进而落实为行动，固化为习惯。

需要特别指出的是，因为中国社会长期深受小农经济和儒家文化影响，一方面盛行短期实用和个体主义，另一方面具备自强不息、吃苦耐劳、隐忍不拔、家庭集体责任感强等优秀素质，导致容易出现两个极端：集体组织起来就力量无比强大，组织不起来就是一盘散沙，所以信念体系在中国企业管理中边际效应明显，构建起来信仰体系的企业较缺乏的企业，有明显的组织竞争优势。

第三，学习西方先进，进行文化改良。

中国企业和西方优秀企业的关键差距体现在两个方面：一是技术，

二是管理，而这也是西方经济发达、企业领先的根源所在。如果说我们可以通过加大投入、引进人才、逆向开发、学习模仿乃至购买等，快速缩小技术上的差距，但相比之下，管理差距的缩小，则要难得多、慢得多。其关键原因是西方现代管理体系，犹如一个漂浮在海洋上的冰山模型，浮在海面上的是看得到的管理方法、工具、技术乃至流程、制度、表单等最佳实践，但看不到的是类似马克斯·韦伯提及的新教伦理下西方发达社会形成的理性、法制、团队、信仰等的文化底座。

海面上的东西易学，海面下的东西难改，尤其是触及与现代商业文明、组织管理不匹配的文化意识改良和习惯改变，则是周期更长、难度更大。冰川的上、下是融为一体的，如果抽离文化底座，道、术割裂，把管理方法、工具从其匹配的文化土壤中连根拔除，那威力就会大打折扣甚至形同虚设。

以丰田为代表的日本企业正是以决绝的狠劲，直面民族和组织文化中与西方商业文明和现代管理不符的落后意识、行为陋习，进行文化改良，在此基础上，融入本民族精细、集体主义和决绝极致等文化精华，方打造出像精益生产这样享誉世界的卓越管理体系。

以华为为代表的一批中国优秀企业，深刻反思了中国历史上在引入西学过程中"穿着西装留长辫"，体用分离，舍难求易，最终学得不伦不类的经验教训，直面根本问题，不回避找捷径，打开底座进行文化改良：建立以客户为中心的利他主义，接受以契约精神为核心的现代商业文明洗礼，以"先僵化、后优化、再固化"的决绝态度由表及里、由用及体，从工具到思想，完整、系统学习和引入西方先进管理体系，推动各层级管理者和员工行为的职业化改造，塑造职业化习惯，反复抓、抓反复，并通过信息化固化改变，从思想到行为，彻底进行了文化改良，终修得正果，取得西方先进管理的真经。同时，在此基础上，融入自强不息、艰苦奋斗、内圣外王、修身齐家平天下等民族文化精髓，中西合璧，进而打造出令世人侧目的强大组织管理力。

第四，崇尚内部市场、运动和竞争，对抗熵增。

作为商业组织的企业，其生存、发展的过程就是始终和内、外两大挑战斗争的过程：一是对外赢得市场，不被客户抛弃；二是对内灵活、有爆发力，保持健康、有活力的组织机能。

人如果不坚持运动和锻炼，摄入的一部分热量就会转化为脂肪，堆积起来导致肥胖，极易引发三高，严重影响身体的健康。企业和人体一样，伴随企业的发展，会不可避免地出现能量堆积，导致企业肥胖、臃肿、跑不动、跳不高，既没爆发力，也没有持久力，导致疾病缠身。这些问题虽然常被称为"大企业病"，但绝非大企业独有，实际上大量中小企业也存在"未大先衰"的现象，具体表现为：对客户需求响应速度慢，对市场变化反应迟钝；组织锈化，人浮于事，推诿扯皮，制造问题而不是解决问题，不对结果负责，形式、过程重于结果；利益固化、思维僵化、凭着经验办事，不愿创新，不愿尝试改变，不包容试错，企业失去应变和变革创新的能力等。华为把上述现象称为熵增。任何企业，不论大小，都会存在熵增，只是企业存在时间越长、规模越大，熵增现象越严重。如果不采取措施干预，所有企业最终都会因为熵增而走向毁灭，这是无法避免的宿命。

而中国拥有强大组织管理力的企业皆是熵减高手，深谙激活组织之道，具体措施包括以下内容。

努力推动内部市场化交易。 企业内部的专业分工不仅易导致"隧道"视野，同时会因"被计划"，感受不到来自客户、竞争对手的外部市场压力，而产生不关注市场、客户、效率的官僚主义和组织惰性。所以，组织管理优秀的企业推崇将市场化的选择、交易和计价，引入内部组织关系中，实施类似阿米巴制、点将制、竞价制的管理模式，尽最大可能减少计划面，增加市场面。而它们能够成功以内部市场激活组织，无不是构建了坚实的内部核算和计价系统，以及针对市场化带来的"算小账，不算大账""强化局部，弱化整体"的问题，通过利益考核、评价和文化建设加以有效约束。

制度化岗位轮换。 所谓"流水不腐，户枢不蠹"。任职者久居一职，尤其是管理岗位，不仅不利于个人成长，而且容易产生岗位倦怠、利益固化、管理死角甚至滋生腐败。所以，类似日韩企业推崇的岗位轮换，中国组织管理优秀企业，力推制度化的岗位轮换，例如华为要求干部三年必须轮岗。需要指出的是，制度化的岗位轮换离不开岗位能力的沉淀和建设，否则大规模的岗位轮换会因为交接混乱、能力无法传承、任职者在新岗位学习周期过长而无法持续，难以成功。

动态管理组织架构，持续推动组织变革。 中国组织管理优秀企业往往遵循"中、后台越强大，前台越灵活的原则"，在保证组织能力循序渐进、持续提升的同时，根据战略规划、市场变化、业务生命周期、组织发展突出矛盾以及团队业绩波动，对组织架构尤其是业务单元进行动态调整，从而保证组织活力和对市场的快速反应。

加速人才的新陈代谢。 组织管理优秀企业，擅长通过保证人才引入和退出通道的畅通，以及年轻人的快速成长来保证人员和组织的活力。

华为更是提出要保证"合适的人在合适的年龄、合适的岗位，做出合适的成绩"。

不进则退，末位淘汰。组织管理优秀企业，始终锁定高绩效标准，来满足企业发展速度和市场竞争的要求。而对于掉队和持续不达标员工，则采取末位淘汰的措施，来保证整个团队的活力和成长速度。

鼓励内部适度竞争。组织管理优秀企业，鼓励在冲突可控下的适度竞争，通过内部比拼来提高对外的竞争力，尤其是在时间紧迫、机不可失下，它们往往不惜资源重置，通过内部赛马机制来抢占先机。

20世纪80、90年代，随着日本企业在全球的成功，日本企业独特的组织文化、生产管理方式和战略之道引起大量西方战略和管理学者的研究，核心竞争力理论也就是在这一背景下应运而生的，但是囿于核心竞争力理论将重点放在模糊灵动的组织学习上，终因缺乏现实指导意义而"雷声大雨点小"。对企业战略更深层次根能力的研究，也因日本企业的昙花一现和互联网经济在美国的兴起而戛然而止，全球战略理论的创新也至此告一段落。

21世纪以来，以华为为代表的一批中国优秀企业，以全球视野和鸿鹄之志，"吸星大法"式地萃取西方先进的管理思想和最佳实践，并将本民族的文化精髓融入其中，中西合璧，构建起强大的组织管理力。它们以此为根能力，在全球化竞争中表现出的领先的战略管理实践，事实上也为全球战略管理理论的进一步创新发展给出了中国方案，做出了中国贡献。

| 第五章 |

Chapter 5

好战略的本质——确定性增长模式

企业本质上是一个功利性的组织,务实和结果导向是其成功的关键。西方教科书对战略的定义,往往偏重过程,过于理论化,却忽略了战略的本质就是服务于企业增长,只是和日常经营服务于短期增长不同,战略服务于企业的长期可持续增长,所以好战略的本质就是:一种为企业提供确定性增长的高级经营管理模式。

第一节
企业不能承受"不增长"之轻

增长能力不仅是评价企业价值的重要维度，影响企业的行业地位、社会影响力、决策层的被信任和支持度，更重要的是持续增长能够形成企业发展势能，推动企业进入良性循环模式，对内激发组织活力，调动员工激情，形成蒸蒸日上和热火朝天的氛围，对外形成对人才和资源的虹吸效应。

一般来说，企业成功离不开对内、对外两大关键要素。

一是对内员工是否有激情，全力以赴完成组织目标。员工加入一个企业，仅仅是在形式上让渡了行为的控制权，但是否用心工作乃至最终取得多少成果创造多大价值，控制权仍然在员工手上。切斯特·巴纳德（Chester I. Barnard）在《经理人员的职能》一书中提道："个人目标和组织目标一致与否影响企业的效能。如果不一致，就没有效能或效率，因为没有衷心投入。一个没有效能的企业，最终是不会有效果的。"所以优秀和落后企业最大的差距之一，是前者的员工工作有激情，对个人成长有热情，能够全力以赴实现既定目标；而后者的员工多是混日子，按时收费；对组织目标得过且过，做事但不成事；处于舒适地带，不思进取，不求改变。尤其对处于创业阶段的科技企业，销售和研发类员工能否充满激情、有狼性打胜必赢之战，对企业经营成功是决定性的。

二是对外能否吸引到稀缺资源尤其是人才。稀缺资源优先流入哪些企业，哪些企业就会具备先发竞争优势。优质人才是各个企业激烈争夺的稀缺资源，尤其对于科技研发类企业来说，在行业快速发展期，能否优先获得专业人才的青睐，往往会成为快速成长、赢得竞争的关键。

能否获得以上两大关键成功要素，离不开企业增长以及对未来可持续增长的预期。研究长期保持高速成长的企业，我们往往会发现一个共性的特点：它们在业务增长、内部员工激情、外部人才获取三者之间，形成高效循环运转的联动模式。

一个企业如果能够持续保持有质量的增长，会带来更高的营业收入、利润和人均效率，而与此伴生的往往是涉足更多的业务领域，进入更多的国家市场，有了更多业务单元、层级和岗位，因此企业增长会带来更多的发展、晋升、加薪、奖金、分红的机会，尤其是建立在人均效率持续提升基础上的增长，能够让更广泛的员工获得持续、稳定、更大幅度的收入提高。当价值创造者获取更多价值回报，正向激励反馈会进一步强化所有员工的预期，层层点燃和调动起更多人获取更多价值回报的热情。企业因此进入员工更大回报预期—创造更多价值—企业加速增长—员工更多回报—员工工作更有激情的循环中。企业的增长点燃了员工的激情，加速了员工的成长，而更有激情和能力的员工反过来也有力推动企业的增长。企业增长和员工激情，相互点燃，循环互动。

企业的长期增长速度如果能够超过行业平均水平，并快于主要竞争对手，就容易形成对行业优质专业人才的虹吸效应。优质人才选择平台时，薪酬、福利、待遇固然重要，但他们更看重的是事业平台、组织氛围以及和优秀的人在一起工作。当企业以更快的速度增长，将给外部人才更好的预期——更卓越的品牌，更强劲的竞争力和市场地位，更广阔的发展空间和机会，蒸蒸日上的组织氛围，更多的研发资源和投入，更好的研发平台以及更优秀和专业的同事。

企业增长吸引稀缺的优质人才，而大量优质人才的加盟也将更有利于推动企业的发展和业务的拓展，同时更高水平的新鲜血液的引入，必然对现有员工的能力提出"更多、更快、更高"的要求，迫使员工或主动或被动地提高工作效果、效率，提升成长速度。这些人才在整体提升企业人力资本和能力水平的同时，起到鲇鱼作用，激发出组织和员工的活力。由此企业增长、员工激情、外部稀缺人才吸引三者之间形成互动循环旋转的飞轮。其中，增长是飞轮启动的引擎。企业越是能够持续、有质量、快速增长，飞轮效应就越明显。

在存量市场时代，企业固然不能再有类似"一年轻轻松松实现20%以上的增长"这样不切实际的规划，但是保证稳定增长却是必需的。因为负增长、不增长极易让企业陷入"负增长飞轮效应"：增长停滞—员工预期降低—激情下降—价值创造降低—价值回报降低（收入下降、晋升机会减少）—内部优秀员工流失—外部优秀人才难以流入—企业增长能力萎缩—增长进一步萎缩。企业对此要高度警惕，否则长期、持续增长下滑导致负向增长飞轮越转越快的后果，会使企业彻底失去增长的能力。

第二节
衡量好战略的标准：长期有质量的增长

如何评价一个企业有没有好战略？是斥巨资请世界著名战略咨询公司做了"精美"的战略，还是战略决策层集体参与，达成共识，形成令人振奋的战略规划？显然以上的标准都缺乏说服力，难以让人信服。

评价一个企业是否有好战略，应该采取务实主义，以结果而非形式和过程为导向。根据笔者对华为、美的等优秀企业的长期研究，衡量一个企业是否有好战略的令人信服的标准，是看这个企业能否保持长期、有质量的增长。

所谓长期增长，一般包括两个标准：一是主营业务能够保持十年以上高于行业平均速度的增长；二是跨越产业生命周期，不仅能够在原有产业高速成长期而且在成熟期乃至衰退期，也能凭借差异化的竞争力和业务组合，保持企业整体持续增长。

所谓有质量，应该包括以下五个标准。

1. 资产收益率（或投入资本回报率）高于行业平均水平；

2. 持续正现金流并稳步增长；

3. 竞争力持续提升，竞争优势和护城河明显；

4.合理的负债，风险可控；

5.人均效率持续提高。

所以，一些明星企业虽然在行业快速发展期，保持了超过十年以上的高速增长，但是并没有真正建立起来竞争优势和核心能力，所以一旦行业进入成熟期以及衰退期，企业的增长则停滞甚至一落千丈，更有甚者因为高负债而处于破产边缘。这类流星企业，都不能称为有好战略。

从增长的角度来认识战略，有利于在企业内部快速达成对战略的认知共识，形成对战略的聚拢，因为增长是组织上下各层级、各不同类型群体的最大利益公约数。

虽然好战略的衡量标准是企业能否长期、有质量的增长，但是并不能将增长规划等同于战略规划，因为企业增长归根结底来源于三个不同层面。

第一个层面可称为运营型增长。这一增长类型的特点是"短期投入，快速见效，短期增长"，主要有五种典型形式，按照难度依次是：

1.将更多现有产品和服务销售给现有客户；

2.将现有产品和服务销售给新客户；

3.开发新渠道；

4.开发新产品和服务；

5.开拓新区域。

通过向消费者和渠道促销让利，加大网上引流投入，进行更大范围、更密集广告宣传，乃至投入更大财力、人力去推出新品，开辟新渠道、新区域，企业可以快速获得增长，但运营型增长往往见效时间短，来得快，去得也快。而且运营型增长在增量市场时代，边际效应要远远大于存量市场时代，所以在增量市场时代，运营型增长占主导地位。

第二个层面可称为优势型增长。这一增长类型的特点是"中期投入，中期见效，中期增长"。优势型增长最终也是通过运营型增长的五种形式体现出来的，但差异在增长动能不同。运营型增长的动能来自短期资源投入的力度和速度；而优势型增长则不同，它是基于选择和定位，提炼和打造差异化专业能力和核心能力，形成竞争优势来驱动增长。如果说运营型增长属于表层驱动，优势型增长则属于底层驱动，因此和运营型增长相比，具有投入长、见效慢但是效果持久的特点。在存量市场时代，随着运营型增长边际效用降低，优势型增长越来越占据主导地位。

第三个层面可称为组合型增长。这一增长类型的典型特点是"长期投入，长期见效，长期增长"。在组合型增长下，企业需要"无中生有"来孵化和培育新业务，进而把新业务打造成未来收入和利润主要增长来源。组合型增长和运营型、优势型增长的最大差异在于需要建立不同的能力：运营型增长是原有能力的扩散，优势型增长是对原有能力的选择性强化，而组合型增长则是在共享核心能力下，建立不同于成熟业务的新能力。此外，新业务面临外部市场和商业模式的不确定性，只有在摸索和试点成功的基础上，才能复制扩张，因此相较优势型增长，见效周期更长；而且孵化新兴业务需要和成熟业务迥然不同的管理方式，所以组合型增长相较前两种增长类型难度更大，管理要求更高。

对企业来说，最为健康、稳健和可持续的增长升级路径，是从运营型增长升级为优势型增长，然后再升级为组合型增长。而一些企业在主业和成熟业务尚缺乏竞争力，没有建立起竞争优势时，就抱着东方不亮西方亮的心态,盲目去跨界寻找新的增长点,打造第二增长曲线,即从运营型增长直接升级为组合型增长,这带来的风险就是:根基不牢的主业进入存量市场竞争,外部环境的风吹草动,极易让企业出现销量和利润的下滑,恶化的现金流使需要输血的新兴业务资源断档,导致新兴业务夭折。

所以,在存量市场时代,企业增长决不能只着眼于依赖短期资源投入的运营型增长,而是要打造底层增长动能,在优势型增长的基础上,布局组合型增长,从而解决企业长期、有质量增长的问题。

第三节
升级经营管理，打造长期确定性增长模式

正如本书第一部分所做的分析，过去大部分中国企业由小变大、吨位不断提高的主要原因是恰逢千年一遇的增量市场时代，各行各业都喜逢爆发式增长，而企业又有一个"胆大"（有胆识）"妄为"（开拓、创新不循规蹈矩）的老板掌舵，以务实强势的风格打造出强大的个人执行力，以创新、分享的激励方式激发出员工强烈的赚钱欲望，在所谓时代红利下，老板英明，将士用命。

因此，在增量市场时代，大多数企业的增长模式往往是粗放和充满不确定性的，典型特征是看天吃饭，增长力不在我；只看眼前增长，不问长期增长，增长没后劲；企业发展严重依赖老板个人的战略思考和影响下的执行力，无法对长期增长动能实施闭环的可控管理。

粗放式增长下组织运行的逻辑是满足生存和短期增长的，所以我们日常熟悉的"经营"一词背后往往都有一个"抓短期增长"的假设。你会发现，在很多企业面向维持日常运营乃至救火的组织功能都会得到足够的重视和有充足的存在感，而面向未来，支撑长期发展的功能例如组织能力建设、基础研发、战略规划等则往往被边缘化，与组织的运行逻

辑形成"两张皮"甚至格格不入。当进入存量市场时代，着眼短期增长的企业，犹如短跑运动员进入了长跑比赛，上气不接下气，没有后劲，渐渐落后，是必然的。

同时在整个增长的管理过程中，企业也是瞎蒙着打，缺乏主动干预的能力：一般都是在年初时老板拍脑袋定目标，下级拍胸脯表决心，撒胡椒面式投放资源和定预算，然后就是等着收粮食，粮食收不上来，一般就会归结为营销的问题和人的问题——没有狼性，缺乏拼搏精神。所以，在粗放增长模式下，过程不可控，企业无法识别短期和长期增长动能，更无法进行闭环的控制管理，结果是业绩增长了欣喜若狂但又莫名其妙，下降了捶胸顿足却又束手无策。粗放式增长"玩得就是心跳"，充满不确定性和不可控性。

在增量市场时代，企业增长逻辑的动因在外部，是构建在"千年一遇"的增量市场机会上的，而存量市场时代则不然，面对不再显著增大甚至萎缩的蛋糕，市场进入强竞争阶段，企业必须由机会牵引下，将粗放式的不确定性增长模式转型为"动能在内，增长在我"的确定性增长模式，提前做经营，打造专业优势和核心竞争能力，形成长期增长动能；升级管理，把战略能力建到组织上，打通战略制定和执行，降低对人的依赖，形成对长期增长的闭环可控管理，从而以增长管理的确定性来应对外部环境的不确定性，由短期增长的经营管理模式升级为长期增长的高级经营管理模式。

"如果说在增量市场时代，今天的投入可以带来今天的增长；那么在存量市场时代，今天的增长很大程度上则是来自昨天的投入"。所谓昨天的投入包括两个方面：一方面是提前做经营，孵化新业务；另一方面是长期、持续投资专业优势和核心竞争力的打造，而以上这两点正是战略工作的主要内容。所以德鲁克说，战略不是未来要做的事，而是今天不做就没有未来。

一、提前做经营，孵化新业务

投身到增量市场永远是拉动企业增长的最大动能。大部分产业和市场都会经历从增量到存量，从孵化、快速增长、成熟到衰落的不同发展阶段，产业和市场竞争格局会加速不同阶段的演进速度。而技术迭代、消费者需求升级和变化、国家政策法规的颁布和调整都有可能给产业和市场带来颠覆性变化，所以企业不能仅仅习惯于通过日常经营在原有赛道抓今天的增长，而是要学会提前做经营，甄选未来具有增量市场潜力的新赛道，孵化新业务，提前布局明天和后天的增长动力源，唯有此才能保证企业的持续增长。这一企业增长的永续机制，在联想叫"吃着碗里的，看着锅里的，想着田里的"，在华为叫"锅里有饭，仓里有粮，田里有苗"，在阿里巴巴叫"吃一块，夹一块，想一块"。

把今天的孵化业务转化为明天的快速增长业务，也可称为"打造第二增长曲线"，这是极具挑战和风险的工作，一方面这一转化过程是漏斗式的，企业必然要承受孵化业务夭折的损失；另一方面企业要承受亏损甚至长期亏损的压力，很多本来可以成功的孵化业务，就是因为企业忍受不了亏损的煎熬，而死在了黎明前。一般说来，孵化业务的创新领先性越强，和成熟业务的协同效应越不明显，失败的风险和挑战性就越大。

二、打造差异化专业优势和核心竞争力

存量市场时代的企业必须回归商业的本质，以客户为中心，以为客户创造价值为逻辑组织运营；同业之间的竞争则是聚焦在差异化上，谁能在目标客户的关注点创造差异化价值，谁将赢得更大的市场份额和更快的增长速度。

客户价值创造的差异化来源于内部专业能力的优势，内部专业能力越强、领先优势越明显，客户的差异化价值体验就越大，竞争对手的替代难度就越大，相对于客户的谈判能力也就越强。但专业优势的打造，绝非一蹴而就，这既需要硬件投入，还需要软件打造。此外，差异化专业竞争优势的形成往往也和企业的气质、禀赋有关，即当专业能力和企业气质、禀赋一致，能力建设则会事半功倍。企业的气质、禀赋是从创业期开始，企业逐步沉淀下来的独特价值偏好和能力，这往往也和创始人个人的价值观和行为偏好、专业背景、能力专长紧密相关。例如，创始人有研发背景并崇尚科技创新的，往往会有利于把技术领先、产品和工艺创新打造成企业的核心竞争能力；创始人精打细算，成本意识极强，则有利于把产品的高性价比打造成核心竞争力；创始人销售出身，擅长营销和品牌策划的，则有利于把客户关系、品牌建设打造成核心竞争能力。企业这些基于禀赋形成的能力实际上一直沉淀在企业的基因里，但在增量市场时代，大家忙于抢钱，往往把这些瑰宝掩埋起来，没有引起足够重视并倾斜资源着力打造。在存量市场时代，当企业选取目标客户关注，并且和自身气质、禀赋契合的价值点，长期规划，持续投入软、硬件建设，建立起突出的专业优势时，就能够为客户创造明显的

差异化价值。而且投入力度越大，价值链各板块（这其中既包括设计、采购、制造、销售等业务板块，也包括人力资源、信息化等支持板块）之间围绕价值创造逻辑的协同契合度越高，就越难以被竞争对手模仿和超越。

差异化的专业优势并不必然构成企业的核心竞争力，因为核心竞争力一般具有偷不走、学不会、跨行业、价值大的特征。

偷不走：是指不会因为某个人甚至某些人离开而失去，因为它是承载和归属在组织而非个人身上的资源和能力。

学不会：是指在短期内别人无法模仿和学会。

跨行业：是指这种资源和能力不是专属于一个行业，而是可以赋能多个相关行业。

价值大：是指这种资源和能力，会体现为比竞争对手更明显的竞争优势或者对客户的差异化价值。

所以核心竞争力往往表现为可以跨行业分享的领先技术，拥有巨大的市场价值而且受到严格保护的专利、秘方，享誉全球且拥有极高溢价能力的品牌，以及渗透到企业DNA当中，由机制和管理体系构成的"企业有信念，员工有激情，管理有能力，组织有活力"的组织管理力等。而拥有的核心竞争力类型越多，持续高质量增长的动能就越足。

在存量市场时代，企业要建立长期确定性增长模式，不仅要找到企业可做、愿做、能做的第二增长曲线，以及打造专业优势和核心竞争力，更重要的是让战略本身处于被管理状态，即通过升级管理，把战略能力建到组织上，来使得战略成功由偶然变成必然，这是保证企业长期确定性增长的核心。本书第三部分将详细阐述如何把战略能力建到组织上。

Part 3

| 第三部分 |

存量市场时代,如何
将战略能力建到组织上

| 第六章 |

Chapter 6

从"一个人的战略"到"体系驱动战略"

好战略的内涵并不能仅限于战略本身,而是包含机制和能力的整个战略管理体系。由一个人主导的战略成功具有不确定性和不可持续性,尤其是在外部环境高度不确定的存量市场时代,将战略能力建到组织上,实现由体系驱动战略成功,就成为好战略的核心和关键。

第一节
"一个人的战略"的风险

增量市场时代，面对显而易见的机会，老板力排众议、独断专行的领导风格，有利于企业抓住机会，快速行动。但是随着进入存量市场时代，企业规模也已变大，"一个人的战略"的弊端和风险日益增大，甚至会严重威胁企业的生存、发展。

战略决策的"快"要让位于"正确、不出错"。增量市场时代，决策快、行动快是至关重要的，即使一些战略上的偏差，也可以被快速的增长削平、掩盖。但存量市场时代机会少、风险大，很多行业甚至面临剩者为王的惨烈洗牌，环境对决策失误的包容度大幅度下降，"管控风险、谨慎出牌、不犯错误"反而是需要优先考虑的决策原则。

战略决策的难度大大增加，非一人所能及。存量市场时代，能一眼可见的机会已经不多，但潜在的风险和威胁剧增。企业规模小的时候，老板可以对市场一线的信息、企业的现状和问题了如指掌，能够全面地了解真相，但随着规模变大、层级变多，市场一线和内部管理问题的信息被层层过滤、筛选，加之组织的系统性、复杂性和专业性剧增，仅凭个人能力已经很难做到及时掌握市场信息，对专业、技术门门精通，洞悉问题的真相了。

随着企业规模变大，老板个人决策的非理性缺陷被加速放大，如果不能有效约束，对企业有可能是致命的。最高领导人的创新和冒险精神是企业做大的关键成功因素，但它对企业也是一把双刃剑，冒险精神最后一旦沦落为"豪赌"，如果没有制约机制，最终必是"成也萧何，败也萧何"，所谓"增量市场赢得多爽，存量市场就会输得多惨"。最近几年，从房地产业的恒大到饲养业的正邦，这样的惨痛案例教训，不胜枚举。

在个人决策机制下，除了方向风险外还有变动风险，其中既包括善变的风险，也包含该变不变的风险。先说善变的风险，人是情绪化的，这极易导致在个人决策机制下，决策和变动都存在一定的随意性。

企业小的时候，这一问题尚不突出，但当企业大了，决策、指令层层传达扩散，"动一发而牵全身"，任意的变动都会引发"地动山摇"，而当决策出现前后"打架"下，下属更是无所适从，正所谓"听老板的要死，不听老板的更要死"。

再看不变的风险，面对百年未有之大变局的宏观环境，黑天鹅、灰犀牛事件纷至沓来，政策变动、颠覆性技术冲击更是让外部环境越发动荡、混乱，老板如果身在"庙堂之上"，远离一线战场，不能适时根据外部环境变化对战略决策进行调整，该变不变，那企业也就难逃像"泰坦尼克号闯上冰山"般的命运。

还存在执行力模式的风险。随着企业规模逐步变大，以前靠老板个人光环和权威的执行力模式，开始边际效用递减。虽然老板所指之处，一如既往呈现"排山倒海，摇旗呐喊"之势，但执行结果往往是雷声大、雨点小，差强人意。这其中既有企业规模大了，滥竽充数的多了，"给形式不给结果"的演员多了，也有各级员工慑于眼前的业务压力而无暇顾及功在未来的战略部署，而光靠个人精力，已经难以洞察执行的真相，更谈不上客观的评价和督促了。此外，企业规模小的时候，分工不细，老板可以扮演总协调的角色，但规模大了后，专业分工细而专业性强，系统也变得日益复杂，协同难度大大增加，而重大战略举措往往需要跨多个部门协同行动，包括人才、信息化等的资源支持和倾斜，因此经常会出现"张三想跑，李四不动，甚至有人在往反方向跑"的现象，但老板已无能力来协调。

因此，"一个人的战略"要转型为"体系驱动战略"。依赖体系对战略进行管理的本质，是把企业战略的决策、协同和推动执行的能力建到组织上，保证战略的可执行、会执行和愿执行，从而降低对老板个人的依赖，以解决"因个人独断带来的战略决策风险""因战略无法及时完善带来的战略滞后风险""因战略无法实施带来的执行风险"等问题，实践证明这种转型越快，企业所交的学费就越少。

●●● 案例分析：华为从"一个人的战略"到"体系驱动战略"

"增长靠冲浪，冲浪靠能力"，华为作为"冲浪高手"，穿越产业边界、技术周期、国家界限，成功把握国产电信设备替代、全球化、智能手机、电信技术迭代升级等浪潮机会。而支撑华为"冲浪增长曲线"背后的是华为战略制定和执行模式与时俱进、试错迭代的演进过程，其中经历了"黑箱期""试错学习期""成熟价值期"三个阶段，完成了从"一个人的战略"到"体系驱动战略"的转型。

第一阶段：黑箱期——战略英雄时代（1987年华为创立—2002年）。

华为在这个阶段的战略思考和决策基本上是任正非一个人的事情。战略方向以及对机会点判断的形成过程是任正非个人学习的过程，更多依赖他不易描绘的战略直觉和敏锐洞察力。战略决策的方式则是依赖任正非优秀的个人战略禀赋、学习能力和敢于冒险、勇于决策的精神，以及由个人权威和他打造出的颇具军队作风的狼性执行力，华为成功迈过了百亿元门槛。

战略黑箱模式在华为从创业期到快速发展期的初期阶段是行之有效的：一是这个阶段，华为恰逢国内电信设备替代的产业大风口，战略机会的判断相对简单、容易；二是企业规模还不大，专业分工还不细，层级也没那么多，所以对纵向、横向的战略协同要求不高；三是这一阶段战略执行重在快，更多强调的是个人服从的执行力。

随着产业和技术发展方向逐渐变得扑朔迷离，机会点不再显而易见，严重依赖个人判断和决策的战略黑箱模式，终将面临危机：2002年，华为营业收入急坠，下滑22%，现金流告急，命悬一线。华为冬天的来临，诱因来自IT泡沫破灭下电信投资下滑，但这与华为出现重大误判不无关系：笃定GSM和WCDMA，错失了小灵通和CDMA，做肥了对手。[1]

2002年，是华为发展史上最应该被标记的一年——痛定思痛，快速成长，一个真正强大的华为由此凤凰涅槃。2002年，启动和触发了华为后续一系列战略管理的模式变革和方法、思路创新，以规避"一个人的战略"的风险和效用递减。

任正非逐步退身幕后，将权力转移给组织，如实行轮值CEO、董事长制，只保留最后的否决权等，完成了由主演向编剧，由敲钟者向造钟者的转型。

由"个人管略"向"体系管略，团队制略"转型——成立战略管理职能部门，搭建战略管理体系，培育战略管理能力，构建战略驱动型组织。

在技术方向选择上，改"押宝"为"前期广泛布局，方向清晰明确后饱和突击"。例如，在智能手机操作系统方向选择上，华为全面布局安卓、WP、麒麟。当安卓的价值明确后，华为就把主要研发方向聚焦在安卓开发上，同时开发鸿蒙作为备用。而诺基亚先是笃定自己开发的塞班系统，失败后，再押宝微软的

---

[1] GSM、CDMA、WCDMA是不同的移动通信标准。GSM用于2G网络，支持语音和低速数据，早期中国移动、中国联通使用。CDMA也是一种码分多址的2G通信技术，提升了频谱效率，早期中国电信使用。WCDMA是CDMA的宽带版本，频谱更宽，数据传输速率更高，主要用于3G网络。

WP，最后彻底玩死。

通过建立蓝军机制，正反对抗，实现战略方向的全方位无死角论证，规避了"瞎子摸象"式的战略偏颇，对冲了重大战略决策风险。例如在2008年，华为曾计划卖掉终端业务，蓝军则出具分析报告指出未来电信业将是云—管—端三位一体，放弃终端就是放弃未来，从而阻止了出售。

第二阶段：试错学习期——战略规划时代（2002—2010年）。

2002年的"华为之冬"以及小灵通事件，让华为真正认识到战略的价值，因此加大了战略工作的投入，并正式成立战略管理职能部门。但对于如何进行战略规划和管理工作？如何打造战略管理职能？如何发挥战略价值？华为还是懵懵懂懂的，只能在不断摸索和试错中成长。

2002年之前，华为把每年颁布的管理要点视作战略，直到被合作伙伴英国电信指出华为只有战略思想和方向，距离真正专业的战略规划还相距甚远。此后，华为开始借力外部专业咨询机构，持续学习和引入战略工具，提升战略规划能力。2002年引入了美世公司业务规划工具VDBD（Value Driven business design）；2003年，开始启动从上到下的战略规划制定工作，内部称之为801计划，并引入外部咨询公司帮助制定战略，但最后成果被束之高阁；2005年，推出"五看三定"（看行业、看市场、看竞争、看自己、看机会，定战略控制点、定策略、定目标）战略设计框架；2006年，正式在产品线、区域等业务单元开展战略规划；2008年，开始引入IBM的BLM[①]（Business Leadership Model，业务领先模型），打通战略制定到执行的堵点。

同时，在与外部机构的合作中，华为也越来越清楚地认识到专业战略咨询机构可以带来先进的工具和方法论，对行业和技术发展趋势的洞见，以及行业最佳实践和数据，甚至可以作为教练，来推动企业战略的制定和能力的提升。但一个可执行的好战略，一定要靠企业自己，因为唯有企业自己，才最了解自身，最了解行业。

在这一阶段，战略工作在增长贡献中，尚打不上主力，对能力建设的贡献是间接、辅助的，战略管理尚处于初期不成熟阶段。

第三阶段：成熟价值期——战略管理时代（2011年至今）。

华为由重工具、方法的战略规划时代进入体系、流程驱动的战略管理时代，分水岭是2011年基于BLM战略管理模型构建起被称为DSTE（Develop Strategy To Execute）的战略管理体系和流程，并完成战略规划（GP）、年度业务计划（BP）、预算以及组织和个人绩效的打通。华为战略管理由此真正进入成熟时代。

[①] 业务领先模型（Business Leadership Model，简称BLM）是一个完整的战略规划方法论。它由IBM公司在2003年与美国某商学院共同研发，后来成为IBM全球统一的战略规划方法。BLM的核心理念是通过系统的战略设计和执行框架，帮助企业在复杂多变的市场环境中保持竞争优势。

存量增长
构建好战略增长模式

战略成为引领企业持续增长的管理模式。战略作为华为强大的增长逻辑嵌入华为的各级组织和关键管理环节中，成为立足当下、面向长远、服务持续增长的管理模式：

1. 战略驱动公司的规划工作；

2. 参与决策新设业务、组织设置、战略预算资源的投入和分配；

3. 对战略绩效进行跟进、评价和考核；

4. 战略统一思想，点燃激情，成为组织纵向、横向协同的重要手段。

战略管理成为一套流程驱动的自循环体系。华为的战略管理已经发育成机制有力、流程驱动、组织分工清晰、工具方法先进的强大自循环体系。DSTE作为华为17大流程之一（包括战略设计、战略部署及业务计划与预算、执行、监控和评估），驱动各级业务单元、部门和战略管理职能部门，以会议为主要载体，按照管理日历，各司其职，自动运转。总部战略管理职能部门的核心职责是持续优化和维护DSTE流程、体系的高效运作。

规划和执行、战略和运营交融互动，融会贯通。"90%的战略无法被执行"是困扰企业战略工作最大的问题。华为利用BLM从战略规划、技术层面，打通了战略和执行；用BEM（业务执行模型），在执行机制、流程、工具上，打通了长期战略和短期经营。在长期规划上，用BLM做望远镜，保证战略大致正确；在落地执行上，用BEM做显微镜，保证了组织充满活力。"BLM+BEM"真正实现了"看五年，想三年，干一年"。

领导力成为华为战略管理的关键成功因素。高层、各业务和职能负责人以"分层分类的战略例行会议体系"为主要载体，深度参与到战略规划和执行中。同时，借助战略规划和执行的结构化工具，战略格局、意识和思考能力持续提升，逐步成为战略管理的主要驱动力量和关键成功因素。

成熟的战略管理体系成为华为持续增长的强大引擎。2010年，华为提出"云管端"战略，将运营商业务定位为核心成熟业务，企业业务和消费者业务定位为快速增长业务，并分别组建了独立的BG。2013年，在全球电信设备市场增长缓慢，华为运营商业务增长仅4%的情况下，企业业务和消费者业务同比增长率为32.4%和17.8%，华为营收超越全球电信设备业的老大爱立信。此后，二者差距越来越大，2020年华为营收达到爱立信的5.09倍。华为对爱立信的超越，不仅在运营商业务上建立起技术、成本和客户关系全方位、碾压式的竞争优势，获得了业务战略的成功；更是华为"锅里有饭，仓里有粮，田里有苗"的"业务组合战略+业务竞争力战略"双轮驱动增长模式的成功。爱立信笃定电信设备赛道，持续剥离智能手机、GPON等业务，美其名曰"归核"，华为则反其道而行之，从TO B运营商跨界进入TO C消费者业务，其后的公有云业务，甚至突破了华为基本法

"永不进入电信服务业务"的禁忌。结果是华为通过消费者业务和企业市场业务，成功平衡了电信设备市场的周期性波动，而且通过不同业务资源协同，能力（管理平台）共享、协同，创造了"能力创造机会，机会牵引能力，机会、能力良性互动"驱动增长的模式，保证了企业可持续的增长。

第二节
战略体系建设的方法论——三角模型

很多企业意识到"一个人的战略"的弊端和风险，开始推动和发展战略管理体系，但是不得其法，阻力重重，进展缓慢，究其原因，主要包括以下三个方面。

一、战略管理职能的权威性不足

战略管理职能岗位对专业人员的任职资格有极高的要求，在专业知识上，既要懂得战略管理体系建设、结构战略工具的使用，又要洞悉行业属性、通晓业务逻辑；在个人能力上，既要具备结构化思考的概念技能，又要善于沟通、整合决策层的战略思想，具备成功组织、主持战略会议，推动达成战略共识的能力。但很多企业因为视战略部门为无法直接创造业绩的部门，加之对战略专业复杂度、高门槛缺乏认识，往往不重视战略管理职能人员的配备，导致存在"让工作量不饱和的人去配合战略规划工作""把无法分配的员工安排到战略部门"的现象。

在引入外部专业人才和资源上，一方面社会上优秀专业人员匮乏，导致人才引进迟缓，而在和外部专业战略咨询机构合作上，因为不了解如何使用和借力，结果也经常是事倍功半；加之对行业特性、业务逻辑缺乏洞察，被业务部门诟病为不接地气，难以树立专业权威形象，因此战略管理体系建设举步维艰。

二、职业经营管理团队战略意识和结构化思考能力不足，参与意愿低

由企业高管和主要业务、职能负责人组成的职业经营管理团队，大多都是业务高手，拥有丰富的行业和实战经验，擅长解决现实当中各类棘手的运营问题。但是囿于以前"一个人的战略"的决策模式，很少有机会站在整体、长期的高度，从宏观经济、政治、社会、技术，中观产业结构、产业终局和发展趋势等方面，去思考企业赛道选择、竞争优势打造等问题，概括说就是"只是低头耕地，很少抬头看天"，战略意识和结构化思考能力不足，加之企业组织运营模式、管理和考核逻辑都是聚焦短期业绩和眼前问题，导致很多业务部门负责人对战略规划和分解工作往往是被动应付、仓促交上不合格的作业，"嘴上说着战略很重要，但实际行动上则大相径庭"。

三、企业最高领导人转身难

企业在推动战略管理体系建设中，存在不同程度的"叶公好龙"的现象：对其他企业的成功实践、先进理论、工具方法推崇备至，对专业

人才求贤若渴，但真的要推动、付诸实践，需要给体系建设全力配合和支持时，"情难断""欲难了""习难改"，踯躅不前甚至退避三舍。

情难断：企业对于最高领导人来说，就像从小拉扯大的孩子，满怀感情，交给谁都不放心，"企业一路走来，发展到如今规模，有多少次不都是自己力排众议，关键时候做出了英明决策，把战略决策这么重要的事情授权出去，虽然说是集体决策、机制运作，但是都不如自己决策放心"。

欲难了：企业最高领导人一直是舞台上的主角，"杀伐决断，剑锋所指，万众呼应""逢山开路，遇水搭桥，临危解困"，好不威风。但脱下那双红舞鞋，告别舞台，转身幕后，失去了明星的成就感、荣耀感，确实失落难耐。

习难改：企业最高领导人习惯了躬身入局、亲力亲为，有问题必出手，甚至跨级越界纵横驰骋，但现在要缚住手脚，甚至看到火起也只能隔岸观火，习惯的改变何其之难。

在中国经济步入存量市场时代之际，时不我待，企业必须快速提升、积极转变，加速推进好战略管理体系的建设，否则未来很难实现高质量、可持续的增长。具体措施包括以下三个方面。

第一，战略管理职能要崛起，树立起专业形象，建立起职能权威。 当然，这需要企业最高领导人的大力支持和配合，经营管理层则要积极参与，快速提升乃至挑起大梁。

第二，把战略能力建到组织上的关键，在于提升组织整体（尤其是经营管理团队）的结构化战略思考能力。 这需要企业了解、熟悉、选好、用好战略工具，进而在结构化思考战略工具基础上建构体系，统一战略管理语言。

第三，加速构建起以执行为中心的战略管理流程和会议体系。 由"一个人的战略"转型为战略体系管理，是否成功的关键标准之一，就是看战略工作是否实现了不依赖人的流程驱动，与其他公司级流程依赖信息系统保证运营效率不同，战略管理流程的高效不是依赖信息系统，而是和按照管理日历召开的一系列战略会议和沟通的质量紧密相关。

以上举措正是从战略职能的崛起、结构化战略思考力和工具、以执行为中心的战略管理流程和会议体系三个维度发力，从而保证战略管理体系建设的成功，笔者把它提炼为企业战略管理体系建设的三角模型（如图7-1所示），作为帮助企业建设战略管理体系的方法论。

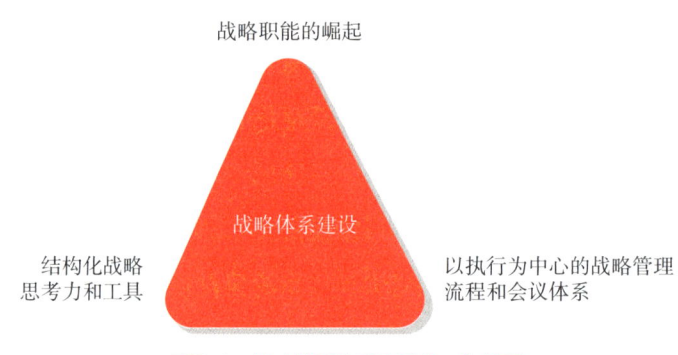

图7-1 战略管理体系建设的三角模型

| 第七章 |

Chapter 7

战略职能的崛起

正如成就企业任何强大的专业体系背后，一定站着一个权威专业的职能管理团队，战略管理体系的建设同样如此。因此，弥补战略管理职能缺失，解决战略职能权威性不足的问题，就成为有志于打造战略驱动增长模式企业的当务之急。

第一节
战略职能的责任

战略体系形成之初，业务负责人的结构化战略思考意识和能力，以及对战略工具的理解、使用，都处于懵懂期，这一阶段需要战略职能人员根据企业发展阶段、所处行业和实际状况，甄选和匹配合适的战略框架和应用工具，并推广和培训使用，以赋能中高层领导者，持续提升战略格局、结构化思考的意识和能力。

组织战略研讨、规划以及执行评价和复盘会，是战略职能人员成功履职的主要手段。战略职能人员作为会议成果的第一责任人，要做好现场主持，解决问题，推动共识，输出成果，这一方面需要战略职能负责人（如CSO、战略总监等）具有引导会议方向，聚焦会议成果，管理会议氛围和进度的控场能力，但更重要的是充分做好会议前的准备工作，毫不夸张地说，"会议成功与否至少百分之六十取决于会前准备"。这包括战略研讨和规划会前，在进行广泛调研、访谈和深入分析研究的基础上，要初步形成战略规划的框架假设，并不断完善，还要同步和公司战略决策层反复沟通确认。另一方面要充分理解企业最高领导人的战略意图、思想和观点，并在战略假设框架中充分体现，还要对战略决策层之间的观点分歧了如指掌，并通过反复沟通引导，来尽最大可能消除分歧，达成共识，而不能完全寄希望于通过战略会议这种高成本的沟通方式，来一次性解决。而在战略跟进、评价和复盘会之前，战略职能人员要通过持续不间断的调查、研究，时刻保持对内外部环境变化的高度警觉，对战略执行的真实差距、存在问题及其背后的根因要洞若观火，而不能被蒙蔽和糊弄。

由于战略工具的甄选、推广以及战略会议的引导专业难度较大，在企业导入之初，通过外部专业战略顾问和咨询公司"扶上马，送一程"，对于保证会议和战略成果质量，推进内部职能团队快速成长是很有必要的，这也是外部专业战略顾问和咨询公司发挥作用和创造价值的关键方式。需要指出的是，好战略离不开企业最高领导人和决策层的个人直觉和行业洞察，离不开业务和职能部门负责人的专业意见和深度参与，所以好战略尤其是具体落地实施方案不能完全寄希望于依赖外部咨询公司，或者由内部战略管理职能人员闭门造车。实践证明，好的战略规划方案，往往会让企业内部人员有似曾相识的感觉，而由外部机构、专家主导设计出的"出人意料、匪夷所思型"的战略，在大多情况下（除非涉及企业完全不熟悉的行业、区域和技术领域）将很难得到贯彻实施。因为一方面内部想不到的奇思妙想，大多脱离企业实际，远离企业能力圈，很难实现；另一方面"奇思妙想"一般很难得到企业大多数执行者的认同。不被认同的战略，能够得到有效贯彻和执行的概率比较低。

战略体系搭建初期，梳理战略管理流程，导入战略结构化思考框架和工具，启动一系列战略会议，保证按照管理日历输出战略规划，是战略职能人员的优先职责，而当体系逐渐步入正轨并例常化后，保证战略得以落地、执行，进而实现持续高质量增长，则应该成为战略职能人员的优先职责，从而避免被边缘化的尴尬境地。

第二节
战略职能的崛起之道

步入存量市场时代后，越来越多的中国企业将战略工作列入公司的正式职能中，但在实际运营当中，相当多的战略部门并没有发挥出应有的作用，甚至遭遇被边缘化的窘境。

究其原因，一方面企业对存量市场时代的增长模式以及战略的重要性缺乏理解，仍然固守增量市场时代只看重和投入短期增长因素，抓眼前增长，而没有认识到"战略就是生产力和增长力""存量市场时代的增长需要提前做经营，投入长期增长因素"；另一方面因为不知道如何推动企业战略建设，而导致对战略职能定位有误、责权不匹配；此外战略职能人员专业能力不足，也是导致被边缘化的重要原因，因此战略职能崛起的关键在于明确战略职能定位，保证权责匹配，以及澄清角色要求，提升专业能力。

一、明确定位，权责匹配

一些企业不理解战略是对战略分析、制定、解码以及执行评价和复盘进行闭环管理的工作，而误认为战略工作只是做规划、做研究，扮演领导决策的智囊。战略部门因此沦落为政策、产业乃至技术方向研究室，也就不足为怪了。

有些企业虽然认识到战略是一项职能管理工作，但既没有明确其结果责任，也不赋予其与履职相匹配的权力，被戏称为"参谋不带长，放屁都不响"。战略部门要承担起战略制定和执行的职能责任，就要匹配相应的权力，这其中包括战略资源分配的建议权，战略执行的考核权，甚至应该参与到中高级领导晋升、培养以及后备人才的甄选中，对他们从战略制定到执行的能力给出评价。

二、澄清角色要求，提升专业能力

相当多企业对战略职能在战略制定和执行中应扮演的具体角色和发挥的作用认识不清，也影响了战略职能人员价值的发挥。

战略职能需要赋能决策层进行战略思考，并把决策层尤其是企业最高领导人脑子里的"idea"（想法）提炼、挖掘和描述出来，推动达成共识，最终形成综合、专业的战略规划系统，以便于各执行部门明确自身在战略中的定位、作用和所肩负的任务，并满足跟进执行和评价的需要。因此在战略制定过程中，战略职能人员要发挥"结构设计师""助产士""共识联络人""厨师"和"翻译家"这五种角色的作用，而在战略执行中则要扮演好"裁判员"的角色。

结构设计师：战略规划启动之初，战略职能人员要对战略规划长成什么样，由哪些部分组成，它们的作用，如何和各职能形成接口和链接以及如何被管理，形成整体构思和设计。

共识联络人： 战略规划形成的过程，是战略职能人员深挖决策层（尤其是企业最高领导人）战略思想和意图本源，明确决策层之间观点交集，界定分歧冲突，并穿针引线，持续沟通，扩大共识，推动思想统一的过程。

助产士： 战略规划形成中，战略职能人员要提供数据、情报和工具，支持和引导决策层进行战略思考，助力战略判断的形成。

厨师： 战略职能人员要对领导者碎片化的战略思想和内容，基于结构化思考，进行向下深化和向上拔高、升华的二次创作，接近于像厨师一样对战略原料进行清洗、加工、烹饪。

翻译家： 战略职能人员承担着翻译战略规划的责任，使其表现形式能够达到可管理标准，即处于可沟通、可执行、可评价、可优化的"四可"状态。明茨伯格对此的描述为："作为一种产生于黑箱中的程序化战略，战略职能人员通过整理、描述这些战略，并将这些战略转化成特定的程序、日常计划和预算，以交流和控制为目的去运用它们。"

裁判员： 战略职能人员必须能够对战略执行状态和结果，基于事实，给予客观、全面和准确的判断和评价，进而支持差距分析、战略成功经验和失败教训的复盘，以及战略的优化、完善，并将结果输入给人力资源部门，和个人利益挂钩。

由以上角色不难看出战略职能人员的任职条件和专业能力门槛很高，但现实由于外部市场上战略人才匮乏、内部重视度不够等原因，战略部门专业能力欠缺的现象较为普遍。

明茨伯格认为战略部门应该包括两种类型的人才：一类是擅长创造

性战略思考的"左撇子",而且认为"具有丰富创造力的左撇子,有时也会成为战略家(能够进入战略制定的黑箱),但这更取决于战略人员自身的知识、创造力和综合技巧,而不是程序化的规划技术"。[1]不难看出,对于"左撇子"来说,需要极强的概念能力,即透过现象看本质,具备把握主要矛盾的能力,而这也是高层领导应该具备的能力。另一类则是擅长各种正式战略分析的"右撇子"。显然对于右撇子来说,擅长搜集情报、数据,熟练掌握战略工具和分析方法则是必需的。

不管是左撇子型还是右撇子型的战略职能人员,都需要具备综合专业知识,其中包括财务、产业经济、营销、生产运营、人力资源和信息化管理等知识。[2]另外,战略职能人员要熟悉行业,懂业务,要有战火气,越是务虚的工作,越要务实做,时刻保持和一线作战人员的沟通和互动,掌握一线数据,洞悉现实问题,而绝不可居于庙堂之上,浮于表面,脱离实际,否则难逃被边缘化的命运。

正像任何专业管理体系的形成都是企业家个人权力"此消",专业职能权力"彼长",专业职能崛起的过程,但这一过程也并不是必然和水到渠成的,而往往是偶然和迂回曲折的,对于战略管理体系建设而言尤其如此,而影响这一过程的关键因素之一,就是战略职能团队自身专业能力的成熟度。

企业战略职能人员能否推动公司高级管理者提高结构化战略思考力,从而承担起战略管理的责任,能否推动战略流程走通和顺畅运行,

---

[1] 明茨伯格,阿尔斯特兰德,兰佩尔.战略历程:穿越战略管理旷野的指南[M].魏江,译.北京:机械工业出版社,2012.
[2] 在管理咨询公司中,战略管理咨询顾问往往比相同等级的其他类型顾问,要求具有更广泛的专业知识,当然也拥有更高的薪酬水平。

保证高质量战略成果的形成和落地实施，这些都会影响企业战略管理体系建设的进度乃至成败。而战略职能人员的专业性往往体现在对战略工具的熟悉、理解和掌握上，能否把战略工具作为统一的"语言"，转移和赋能给业务负责人，提高他们的结构化思考力，以及能否用好工具协助引导战略研讨会的开展和战略报告的制定，就成为衡量战略职能人员是否专业的关键标准。

| 第八章 |

Chapter 8

结构化战略思考力和工具

和类似财务职能建构在社会统一准则和标准上，拥有规范化、体系化、稳定性的方法论不同，战略职能的方法论是建构在结构化的战略工具上的。战略工具是由不同学派的战略管理学者、咨询公司和企业中的战略高手，通过对战略实践的总结和结构化提炼而成的，因此战略工具背后往往隐含不同国家社会经济发展水平、不同行业特征和关键成功要素，以及不同企业发展阶段等假设，本身存在模糊性、动态性和零散不成系统性。

所以，针对战略工具的模糊性、动态性和零散不成系统性，首先要求战略专业人员能够熟悉战略工具背后的假设和利弊，尤其在互联网时代，管理知识和方法都在以快捷且低成本的形式扩散。企业之间的差距，不是体现在掌握工具的数量上，而是在战略工具的识别、甄选，以及和企业所处的行业、发展阶段、实际相结合上。

对于像华为、IBM这样的战略管理卓越企业，不仅善于选择适合企业管理实际的战略工具，而且在深入研究工具背后的假设后，创新性地（必要时进行二次开发）融入企业战略实践中，并作为官方统一的方法论，成为企业战略管理、沟通的标配和统一语言。以此，卓越企业通过结构化战略工具的集体学习和统一使用，提升了组织整体结构化战略思考能力。

第一节
什么是结构化战略思考力

战略思考是企业中最具艺术性和创造性的工作之一。在好战略的设计过程中，人们或产生穿越时空、洞察本质的惊艳观点，或创造出精妙的模式，这是战略最美和最迷人之处。

战略之美有两个来源：一个是企业最高领导人因自身禀赋和对行业的长期浸染，而产生的对发展趋势的洞察以及相应的精妙规划、设计和布局，这来自无法名状的直觉，思考过程接近于黑箱，难以效仿；另一个来源则是由战略工具支持下的结构化思考，而这一过程是可以学习、复制的。

所谓结构化思考，本质就是分类思考——通过将繁杂混乱的事物，依据别具洞察力的标准进行分类，从而把握事物的本质和发展趋势，以便于设计和选择最优方案。

结构化思考的精妙之处在于洞察、提炼分类标准，这些标准有时被表述为"核心要素""主要矛盾"等，这些标准因为隐藏于各类不同性质事物的互动关系之下，并不严格遵循理性逻辑，需要系统思考、动态把握才能够抽象出来，其发散性思考的特征和设计工作颇有相似之处。

在实践中，一个具有结构化思考力的高手可以呈现出这样的功力：在通过行业研究报告解读、企业业务专家访谈等手段，收集到必需的行业、业务、产品信息后，对所掌握的杂乱无章的"素材"进行"建模和解构"，进而快速洞悉行业的结构、本质、关键成功因素和未来发展趋势等。一名优秀战略顾问的标准，是在接触一个陌生行业三个月内成为有洞察力的行业专家。

对于建设战略管理体系的企业来说，企业间的战略（规划）管理流程一般看上去大同小异，真正拉开差距的往往是组织结构化战略思考能力。

组织结构化战略思考能力的水平，一是取决于高层领导团队成员自身的结构化战略思考力，这需要企业在选拔高层领导时，要把概念技能作为关键的标准；二是取决于企业能否有效借助结构化战略工具，赋能支持领导团队。借助战略工具进行结构化思考，可以帮助管理者突破原有思维的禁锢，将战略思考变得更远、更深、更宽、更高和更系统。

更远：对于大多数高级管理者来说，在"一个人的战略"模式下，作为企业最高领导人战略的执行者，很难获得跳出企业看行业的锻炼机会，所以对行业的发展趋势往往缺乏终局思考能力，即未来五年甚至十年后行业会变成什么样，或者有一些懵懵懂懂的认识，但是纷杂、混乱，不清晰、不明确。在战略管理职能的支持下，通过结构化战略工具可以帮助高管们置身企业之外，站在行业的高度，分析行业结构、竞争格局，以及国际国内政治形势、政策法规、社会和科技发展影响下的发展趋势，登高望远，完成对产业终局的思考。

更深：大多数业务出身的领导者，业务经验丰富，对行业非常熟悉，但是因为长期拘泥于一个行业，缺乏跨越行业、空间（国家等）的比较能力，所以对行业理解长期流于表面，缺乏对行业、业务本质和关键成功因素的深入洞察，难以有创新策略、破局打法和突破性增长手段。结构化战略工具可以帮助他们深挖行业和业务的本质，把握企业目前面临的主要发展矛盾，从而精准点穴，刀刀见血，事半功倍。

更宽：因为日常沉湎于企业具体的事务中，所以大部分领导者的思维往往局限于眼前的点。结构化战略工具可以帮助建立基于产业链的线甚至系统生态思维，进而有利于洞悉产业利润区的漂移，完成产业（前向、后向）一体化、系统生态布局思考。

更高：在组织惰性下，很多管理人员甚至高级管理人员的视角往往不是越干越勇，而是越干越挫，看困难和劣势多，看资源和优势少，倾向放大过去的挫折和失败，"这个不行，那个不能，满足现状躺平最好"。结构化战略工具可以帮助管理者打开思维，积极看待资源、能力，挖掘潜能，用进取的视角，更高的愿景目标，拥抱机会、拥抱创新、拥抱改变。

更系统：在专业分工、部门墙林立的组织结构下，管理人员往往容易形成隧道视野和局部思维。结构化战略工具可以帮助各层级业务和职能管理者跳出自己的"本位"，系统看待战略设计和执行，建立起由果到因的全局思维：由目标增长、市场开拓、客户获取，倒推市场营销、研发设计、制造、运营、供应链、人力资源、信息化等的目标、策略和能力建设规划。

所以，通过借助结构化战略工具进行思考，将能呈现出一个更远、更深、更宽、更高、更系统的战略，从而得到令人拍案叫绝的效果，毕竟一个不能让人心动的战略，不能算是好战略。

第二节
结构化战略工具

战略工具的开发和形成

战略工具尤其是经典、广为传播的战略工具，既是战略思想显性化的产物，也是卓越结构化战略思考的呈现。一般战略工具形成的场景是：结构化思考的高手，对若干企业成功案例或最佳管理实践进行解构分析，提炼背后的核心要素（分类标准），然后建模形成战略工具。这种高手可能是理论界的大师，或者咨询界的高手，也可能是来自企业界的一流领导者。

自20世纪60年代在美国兴起后，企业战略学科就迎来了持续近四十年（20世纪60年代中期—21世纪00年代中期）的理论创新和工具开发浪潮，掀起战略工具开发浪潮的始作俑者是商业化的管理咨询机构。以布鲁斯·亨德森（Bruce Henderson）创办波士顿咨询集团（BCG）为里程碑，创造和推广战略工具成为管理咨询公司树立专业品牌形象、创造差异化专业价值的重要手段。作为"战略工具"商业模式的开创者，凭借波士顿增长矩阵，BCG一举成名，成为20世纪60—70

年代全球战略咨询的领军企业；步其后尘的麦肯锡公司在战略工具开发、创新上更是锐意进取，也不断推出三层面增长阶梯等战略增长工具，后来居上。

战略工具的另一个重要贡献来源，是以哈佛大学教授为代表的一大批战略理论学者，包括迈克尔·波特、肯尼斯·安德鲁斯、罗伯特·卡普兰以及安索夫、钱·金（W. Chan Kim）等，其中尤以迈克尔·波特贡献最大。

在咨询公司、战略理论学者贡献工具的基础上，一些世界著名企业，或自主或合作，也开发出更满足自身实际和需求的战略工具，代表性的如通用电气公司的GE矩阵、IBM的BLM（业务领先模型）等。

●●● 战略工具深度分析：业务组合管理工具的演进

业务组合管理，就是通过筛选、分类定位和差异化管理不同发展阶段的业务，实现"锅里（今天）""仓里（明天）""田里（未来）"业务的动态平衡转化，来打造企业短期、中期和长期增长的动能，从而实现企业的可持续增长。

通过业务组合管理来跨越和平衡产品、技术、产业周期，是大部分行业尤其是技术更新迭代速度快的行业企业，保证可持续增长的关键手段，所以众多世界五百强企业和行业翘楚都采用了适合企业自身实际的业务组合管理工具。其中，波士顿公司的"市场增长率—相对市场份额矩阵"（以下简称为波士顿矩阵），通用电气公司的"九宫格矩阵"（以下简称为GE矩阵）以及麦肯锡的"三层面增长阶梯"是最具影响力的业务组合管理工具。

从20世纪60年代末期的波士顿矩阵、80年代的GE矩阵，到90年代末期的三层面增长阶梯，我们按照历史演进过程来研究这三大工具，可以总结出西方大型企业业务组合管理的发展逻辑和趋势：从专注市场份额，通过做大规模获取低成本优势，升级为创新驱动引领增长；业务组合管理从初期以业务选择和定位为主，升级为通过差异化管理推动业务生命周期升级，实现业务周期动态平衡。

一、波士顿矩阵

20世纪60年代末，波士顿咨询集团推出"市场增长率—相对市场份额矩阵"，引起业界轰动，风靡一时，也让波士顿咨询集团一举成名，以至于这个冗长的矩阵名字被忽略而直接被冠名为"波士顿矩阵"。其后，众多公司也纷纷仿效推出自己的增长矩阵，"在下一个十年里，它的力量和影响范围是其他多元化管理工具无法比拟的"。[①]

波士顿矩阵之所以受到热捧，关键原因是恰逢其时地为多元化管理提供了一个简洁、直观、高效的工具。

当时大量美国企业因为美国反垄断法禁止并购本行业企业，

---
① 基希勒三世.战略简史[M].慎思行，译.北京：社会科学文献出版社，2018.

加之分红所得的税率相当高,纷纷跨行业去收购和自身行业毫不相关的公司,结果深陷多元化的泥潭当中。如何管理多元化企业以及处置经营不善的业务就成为大量美国企业面临的管理难题。

波士顿矩阵采用相对市场份额作为衡量内部竞争力的标准(之所以采用相对市场份额而不采用绝对市场份额,是考虑到企业不同产品所在产业的集中度差异,绝对市场份额不能够准确反映企业在所处产业中实际的竞争地位),预期市场增长率作为衡量外部市场机会的标准,把业务区分为对现金流贡献和需求不同,即处于不同现金流位置的四类业务。

明星类业务:相对份额高预期增长高,现金流贡献大但需求更大,需要现金净流入。

现金牛类业务:相对份额高预期增长低,现金流贡献大但需求少,现金流的净流出者,是其他业务的摇钱树。

问题类业务:相对份额低预期增长高,此类业务现金流贡献小但需求大。

瘦狗类业务:相对份额低预期增长低,现金流贡献小需求量也小。

在业务四分类的基础上,波士顿矩阵给出了明确的战略指引。

对明星类业务要反哺现金流,保证未来成为现金牛类业务;甄选问题类业务,对看好的要给予现金流支持,保证未来成为明星类业务，对不看好的则要减少现金流支持，任其成为瘦狗类业务甚至放弃；对现金牛类业务则要进一步降低成本，提升效率，保证输出更多的利润额和现金流，用来支持明星类和看好的问题类业务；对于瘦狗类业务的处理方式则是出售和剥离，但对拥有拦阻竞争对手发展的战略项目则应该予以保留。

独特价值

1. 波士顿矩阵以简洁、一针见血的业务分类标准，清晰明了的战略方向指引，帮助企业决策层区分不同业务的价值定位（或支撑利润和现金流或保证未来发展），形成现金流的资源配置方案，并让战略沟通和达成共识变得容易，在平衡并保证现金流健康的同时，实现公司的持续增长和发展，从而一举成为众多受多元化管理困扰公司的案头良方。其中最为经典的案例之一是杰克·韦尔奇基于波士顿矩阵制定了"数一数二战略"（只保持和投资在增长市场中数一数二的业务），取得了巨大的成功。

2. 波士顿矩阵遵循了战略设计学派倡导的"打通内外部，实现机会和优势匹配"的原则，作为业务组合管理工具的鼻祖，它开创了业务分类、建立联系、平衡周期、平衡资源、实施差异化管理从而实现可持续增长的业务组合管理模式，并嵌入了竞争优势、产业周期、现金流状况与竞争地位和产业周期关系等精辟的战略思想。

局限性

与波士顿矩阵巨大成功如影随形的,是对其基本假设持续不断的争议,尤其以下面三条为甚。

1. 假设市场份额大的业务就会享有低成本优势,市场份额最大则成本最低,而低成本是赢得竞争优势的唯一手段,所以把市场份额作为衡量内部优势的唯一标准。这一假设特别适用于市场需求迅速增加,行业集中度低,并且存在大量低效竞争者,降价边际效应特别明显的业务,而当行业进入成熟期,低效竞争者被逐出,行业被创新、差异化和领先技术引领,这一假设的效果则会大打折扣。

2. 假设预期增速是衡量好赛道的唯一标准。预期增速高可以作为判断好赛道的标准之一,但绝不能成为唯一标准。预期增速高,但产业结构和竞争格局恶劣,价格战惨烈,利润率低,面临政策和技术迭代风险的行业,有可能不是馅饼而是陷阱。

3. 假设现金流是连接和协同不同业务的关键。强调不同业务现金流的动态平衡是必要的,一是有利于把富余资金精准投入最能支撑未来增长的新业务中去,从而提高自有资金长期使用效率;二是防范因现金短缺,而造成的新业务断供甚至企业整体面临生存风险问题。但是把自有资金平衡作为业务组合的核心,显然有小题大做之嫌。一方面借助股权、债权等多元化的融资渠道,通过科学合理的负债加杠杆,可以做好资金需求和财务风险的平衡；另一方面从长期看，推动不同业务协同成功的关键因素并不只是资金，能够共享的能力和诸如品牌、渠道、关系、人才等无形资产反而更重要。

二、GE矩阵

波士顿矩阵的巨大成功，引发众多企业的学习和效仿，它们或引入或联合开发了自己的增长矩阵，但大都沿用了"外部行业（市场）机会＋内部竞争力（能力）匹配"的分类标准，其中影响力最大的当属通用电气和麦肯锡咨询公司合作开发的GE矩阵，也被称为麦肯锡"行业吸引力—企业竞争力矩阵"。

相比波士顿矩阵，GE矩阵作为后来者，在分类标准和战略指引两方面进行了调整和升级。

第一，在分类标准上采用衡量要素多元化。在内部竞争力衡量上，不再以相对市场份额作为唯一标准，而是从包括市场份额、竞争地位、营销能力、品牌知名度、渠道能力、技术开发能力、产品质量、产品系列宽度、生产线技术水平、行业经验和人才水平、融资能力、管理水平等多方面来选取契合的要素衡量；在外部行业吸引力衡量上，也不再以市场增速作为唯一衡量标准，而是从包括行业规模、市场增速、竞争结构和强度、行业营利性、进入门槛、人才的可获得性、行业的持续发展力以及行业所面临的社会因素、科技环境、法律因素、政治因素等多因素中选取。

第二，在对各类业务的战略指引上，不再单一、刻板定位现金流的位置和坚持以现金流平衡为核心的业务组合管理模式。GE矩阵分别把行业吸引力和企业竞争力划分为高、中、低三个等级，从而形成九个方格，对应吸引力和竞争力不同匹配的九种类型业务（如图8-1所示）。

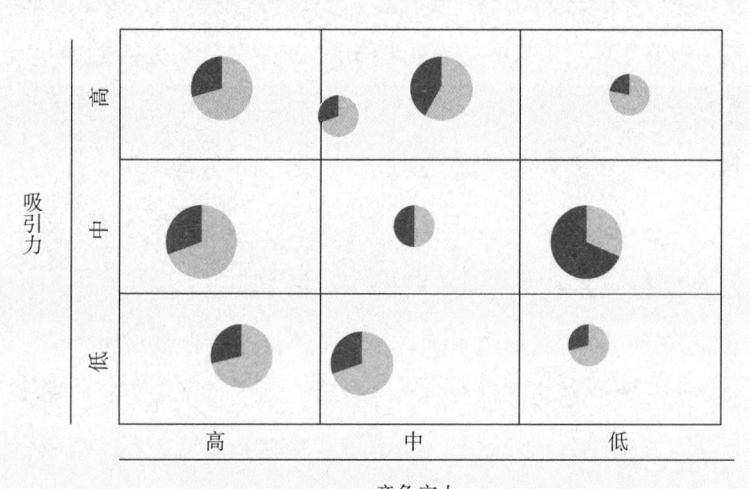

图8-1 GE矩阵

而在战略指引上，针对九种不同类型业务，又逐一匹配了三大类策略且更有针对性的九种不同战略举措。这三大类策略可以概括为"高位优先发展，中位谨慎发展，低位捞他一把"（如图8-2所示）。

	高	中	低
高	尽量扩大投资，谋求在市场上的主导地位	市场细分以追求主导地位	专门化，采取并购策略
中	选择细分市场，大力投入	选择细分市场进行专门化	专门化，谋求在小块市场上的份额
低	维持地位，必要的时候减少投资准备退出	减少投资，准备退出	集中于可能盈利的业务，或者退出

吸引力（纵轴）　　竞争实力（横轴）

图 8-2　GE 矩阵的战略指引

独特价值

GE 矩阵采用多维度来分别衡量行业吸引力和企业竞争力，从而突破了波士顿矩阵因采用市场增长率、相对市场份额单一维度衡量而带来的适用对象的局限性。

从战略假设看，波士顿矩阵适用于满足"市场份额—规模优势—低成本假设"的行业和业务，而 GE 矩阵把适用范围扩大为不仅适用遵循低成本竞争逻辑的行业和业务，也适合遵循差异化、聚焦竞争逻辑的行业和业务。

从业务的发展阶段看，波士顿矩阵不适用于处于孵化和培育期的业务，因为这些业务尚"不能直立行走"，无法参与竞争，不适于用市场份额衡量，而GE矩阵则可以覆盖从孵化期、快速期、成熟期到衰退期的业务。

此外，不同于波士顿矩阵针对四类不同业务（现金牛、明星、问题、瘦狗）仅给予资金计划方案，GE矩阵针对"九宫格"业务提供包括资金、投资和市场等策略在内的综合方案，给战略规划更多的参考指引。

局限性

和波士顿矩阵衡量维度单一、标准量化、操作简单不同，绘制GE矩阵的过程烦琐，操作复杂：首先需要甄选甚至定制用来衡量行业吸引力和企业竞争力的维度，并赋予不同的权重，确定评分标准，给不同业务赋分，乘以不同权重后，得到行业吸引力和企业竞争力的分数，最终确定各业务在GE矩阵中的九宫格定位。所以和波士顿矩阵不需要专业判断和开发、结论明确、容易达成共识不同，GE矩阵需要人的专业经验甚至二次开发，依赖主观判断，结论经常因人而异，充满不确定性，达成共识难，沟通成本高。

此外，GE矩阵侧重依据不同的分类标准，对业务进行筛选和分类，并依据定位给予不同的策略指引，并不强调业务之间的资源和增长周期的规划、平衡，以及企业持续增长动能的打造，因此相较波士顿矩阵，GE矩阵更侧重于业务组合设计分析而非业务组合管理。

三、三层面增长阶梯

三层面增长阶梯是麦肯锡公司通过对30家连续十年平均年增长率超过行业平均水平的公司长期研究，提炼总结出的基于业务组合的增长管理方法论。

三层面增长阶梯理论的假设是任何业务都存在孵化、成长、成熟（或衰亡）三个阶段，因此可以把企业业务，按照成熟度，相应划分为成熟、快速成长和孵化三类，这三类业务构成了支撑企业今天、明天和未来增长的三个层面。

第一层面：成熟业务，可以对应波士顿矩阵的金牛类业务，一般是居于企业心脏位置的核心业务，顾客往往会把它和企业的名字联系在一起，通常会给企业带来大部分的利润和现金流，它对企业短期的业绩影响重大，为第二、三层面业务的发展和生存提供现金、资源（如品牌、经销商网络、大客户关系等）和技能保障。

第二层面：快速成长业务，可以对应波士顿矩阵的明星类业务，它既是企业明天主要利润的贡献者，也是影响今天PE（市盈率）的关键，一般外部面临快速扩大市场的机会，内部商业模式（或单店模型）已经走通，产品、工艺已经成熟，可以扩大投资，大规模复制，当务之急是快速抢占市场，在机会窗口关闭前，扩大市场份额，强化营销能力，补齐能力短板。

第三层面：孵化业务，已经不只是设想和好点子，而是进入培育和试点摸索阶段，但是外部市场和需求尚不确定，诱人的增长前景可以像它迅速出现那样迅速消失，内部产品和商业模式尚在试错纠偏，关键能力还在建设，此时最大的问题莫过于过早投入大量资金，开始扩张。

三层面增长阶梯理论认为应对不同层面的业务实施同步管理，其中人才管理、合理的规划和预算，以及绩效和激励是影响成功运营的关键。而不同层面业务处于不同发展阶段，面临不同的发展目标和主要矛盾，应该采用不同的管理方式，进行差异化设计，但企业内部的管理制度、程序和标准往往都是为第一层面业务设计的，满足不了第二、三层面业务发展的需求，其中最大的错误莫过于认为不同层面的业务，应该用相同的业绩考评表衡量而且都要赚钱，领导者应该具有相同的成功画像，都应该是执行力和纪律性的模范。

独特价值

1. 三层面增长阶梯提出按照生命周期对业务进行分类，并实施差异化管理，这种分级火箭式增长模式平衡了产业和业务周期，保证了企业的可持续增长，所以被企业尤其是技术周期更新迭代快的大型科技企业普遍采用。

2. 三层面增长阶梯为企业内部孵化创新业务提供了机制和管理保障，也就为破解克里斯坦森的"大企业的颠覆式创新之殇"给出了解决方案。①众多大企业据此对内部创新孵化业务实施了隔离保护方式,典型如IBM的EBO（Emerging Business Opportunity,新兴商业机会）创新项目管理机制等。②

3. 三层面增长阶梯不仅为企业提供了业务组合的梯级增长模式,而且为企业各级管理者提供了"培育—测试—复制—拓展"的梯级法思维方式,统一了增长管理语言。

局限性

1. 三层面增长阶梯将发展周期作为业务的单一分类标准,这容易导致企业内部就业务分类结果形成分歧,难以达成共识,尤其是对企业竞争力和市场份额不高的瘦狗类和问题类业务。

2. 三层面增长阶梯长于对现有业务进行周期性动态转换管理,但弱于对备选业务进行优先性排序和甄选分析。

3. 三层面增长阶梯特别适合于产业和技术周期迭代快以及需要创新驱动发展的大型企业,而对于产业迭代速度缓慢且主业不精,组织管理能力差的企业,过度关注"第二曲线"尤其是非相关多元化业务的开拓,反而可能会适得其反。

---

① 克里斯坦森.创新者的窘境[M].胡建桥,译.北京:中信出版社,2010.
② EBO是IBM对高风险和高不确定性的商业机会进行管理的机制,通过不断捕捉、甄选和培育新的商业机会,使得IBM可以持续通过开发新项目来拓展业务组合。

战略工具的分类和图谱

作为后进学习者，中国企业在战略学习上，应贯通学习发达国家（主要是美国）六十年来战略工具开发和使用的经验，发挥后进国家得天独厚的后发优势，将相互割裂、各自为战的战略工具，理清关系，分类管理，建立链接，全面打通，整合使用。

战略工具往往相互交叉，各有侧重，所以对战略工具进行分类管理很不容易，但又极其必要，因为只有进行分类管理，理清工具的定位和用途，才能够按图索骥，有效识别，也就不至于不明就里，甚至张冠李戴。

战略工具可以有两种分类方式，首先可以按照功能性将战略工具分为战略分析类、战略设计类和战略执行类，这种分类方式是比较主流的。

战略分析类工具：用于对内外部环境进行分析，辅助做出战略判断、选择和设计的工具，这其中既可以包括对宏观经济、社会、科技、政治和政策，以及中观产业和细分市场等外部环境进行分析的工具，也可以包括对微观企业自身能力及优劣势等内部环境进行分析的工具。

其中，最具代表性的战略分析类工具有以下几种。

1. 宏观：PEST 分析等；[①]
2. 中观（产业）：波特五力分析、产业链分析、行业生命周期分

[①] PEST 分析是一种评估外部宏观环境的工具，关注政治（Political）、经济（Economic）、社会（Social）、技术（Technological）因素。通过系统化分析，帮助企业识别机会与威胁，以制定有效的战略决策。

析、竞争格局分析、市场细分分析等；

3. 微观：企业价值链分析、关键成功要素分析、企业能力的冰山模型分析、麦肯锡7S分析、核心竞争力分析等。

战略设计类工具：就是直接输出战略设计的工具，这其中既包括解决"在哪里竞争"的公司层战略设计类工具，也包括解决"如何竞争"的业务层战略设计类工具。

其中，最具代表性的公司层战略设计（业务组合）类工具有：波士顿矩阵、GE矩阵、三层面增长阶梯等。

最具代表性的业务层战略设计类工具有：迈克尔·波特的三大标准战略、钱·金和勒妮·莫博涅（Renee Mauborgne）的蓝海战略、亚历山大·奥斯特瓦德（Alexander Osterwalder）和伊夫·皮尼厄（Yves Pigneur）的商业模式画布（Business Model Canvas，简称BMC）、美世咨询的VDBD等。

战略执行类工具：就是在形成战略设计后，用于对战略进行描述、分解，帮助业务和职能以及上下级打通协同，并能够评价执行的工具，这其中既包括通过战略描述横向打通的工具，也包括通过战略分解纵向打通的工具，其中最具代表性的战略执行类工具有：战略地图+平衡计分卡、宝洁的OGSM分解矩阵、三星的BEM（业务执行模型）、格鲁夫的OKR工具等。

除了按功能性分类，战略工具还可以按照集成度分为战略框架类和战略应用类。虽然都可以统称为战略工具，但有些战略工具可以独立使用，帮助直接给出分析、判断以及战略观点，可以称之为战略应用类工具；而有些战略工具实际上是一个战略思维框架和方法论，无法单独使用，或者单独使用效果不好，需要集成战略应用类工具，我们可以称之为战略框架类工具。

战略框架类工具背后往往含有深邃的战略思想，具有持久的生命力和使用张力，引导应用类工具的创新，整合应用类工具的使用，最典型的莫过于SWOT战略分析框架，从安德鲁斯1971年在《战略管理的概念》一书中被提出，至今虽然不再时尚甚至会被嫌弃老土，但它阐述的外部机会、威胁、内部优势劣势匹配的思想框架，就犹如如来佛祖的手心，难以被别人跨越。而IBM的BLM模型则是至今为止为数不多能够将战略分析、制定和执行三者完全打通的战略框架类工具，其由战略制定和执行关键成功要素构成的思想体系，难以被超越，这也正是华为把企业整体战略管理系统架构在其上的原因。

企业战略专业发展至今近六十年，沉淀积累了数量庞大的战略工具库，这些工具尤其是使用最广泛的代表性工具，它们虽然关注的重点各有不同甚至有所交叉，但其中也存在逻辑衔接、功能补充的关系。因此，对战略工具的理解和使用，绝不能仅停留在单一工具上，而是要理清战略工具之间的逻辑关系，将战略工具整合、链接起来，方能有效提升组织的结构化战略思考力，使企业的战略思考如前面所讲的一样，更远、更深、更宽、更高、更系统。

而以上代表性战略工具依照战略分析、战略设计到战略执行的逻辑，以及集成、应用的关系，事实上构成了逻辑互锁、相互补充、总分结合的战略工具图谱（如图8-3所示）。

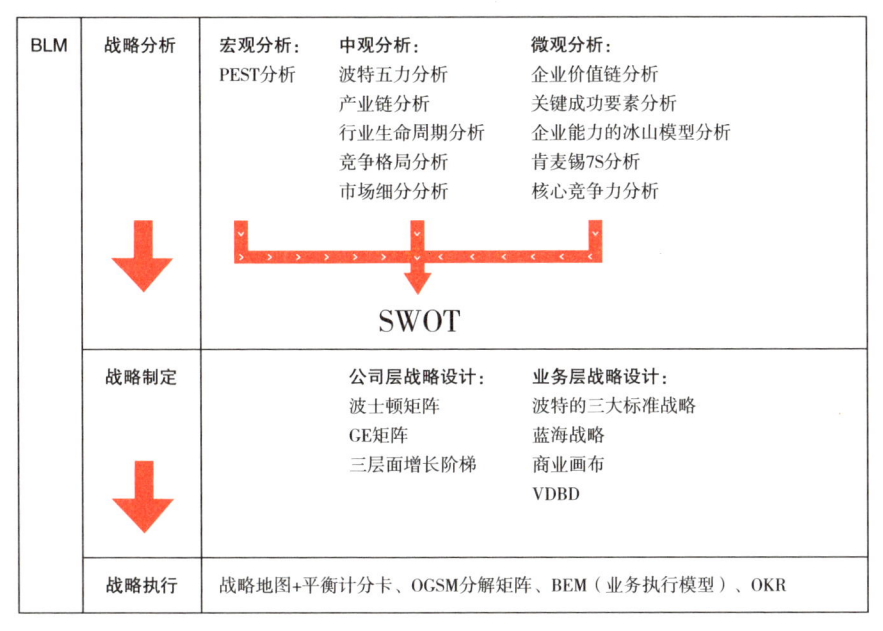

BLM	战略分析	宏观分析： PEST分析	中观分析： 波特五力分析 产业链分析 行业生命周期分析 竞争格局分析 市场细分分析	微观分析： 企业价值链分析 关键成功要素分析 企业能力的冰山模型分析 肯麦锡7S分析 核心竞争力分析
	↓		↓ SWOT	
	战略制定		公司层战略设计： 波士顿矩阵 GE矩阵 三层面增长阶梯	业务层战略设计： 波特的三大标准战略 蓝海战略 商业画布 VDBD
	↓			
	战略执行	战略地图+平衡计分卡、OGSM分解矩阵、BEM（业务执行模型）、OKR		

图8-3　战略工具图谱

战略工具的识别和使用

西方战略理论和工具的创新和发展，也是商业利益推动下"管理时尚化"的产物。在商业出版、培训等机构的推波助澜下，西方管理明星你方唱罢我登场，中国企业也犹如追星一族，把全球时尚的工具搬到家里，但当无法认知工具背后的假设和禁忌，不具备甄选和识别能力时，战略工具的使用结果自是一地鸡毛，那是一个浮躁赚钱的时代，也是对管理认知浅薄的时代。

而当中国企业进入好战略驱动增长的存量市场时代，蓦然回首，六十年来企业界已经沉淀积累了丰富、充足的战略工具，虽然已经不再时尚、不够酷，但是对中国企业来说，反而正逢其时，因为我们很多产业尤其是传统产业正在经历类似美国三五十年前的产业竞争格局。而对于进入存量市场时代，急待借力战略工具，提升组织结构化战略思考能力的中国企业来说，也不应再是懵懂未知的少年，而要像成熟的消费者一样，识别和正确使用战略工具。明茨伯格就此总结道："工具的好坏要以使用性能而不是新颖程度作为评价的标准""每一种工具都有优点和缺点，诀窍就在于我们应该知道什么时候如何使用哪种工具。"

对于正确识别战略工具，一方面需要参考战略工具图谱，从类别的高度来看待战略工具的定位，以及和其他工具之间的关系；另一方面则要用发展的眼光，把握不同类别工具迭代演进的脉络过程，不仅要从"是什么"（What）的角度来认识工具的用途和价值，更要了解其产生的时代背景和历史局限性，通晓工具背后的假设条件甚至禁忌。

对于正确使用战略工具，则要在正确识别和读懂的前提下，深刻洞察存量市场时代企业所处的发展阶段、面临的主要发展矛盾以及现实需求，进而利用战略工具图谱建立战略工具组合，因地制宜、因时制宜地甄选战略工具，甚至可以进行二次开发和改造，以融入企业管理场景中去解决实际面临的问题，并作为统一的管理语言进行培训和推广使用。

第三节
BLM-集大成的战略框架工具

BLM的来龙去脉

传奇CEO郭士纳是把IBM从濒死边缘拯救回来的英雄，面对三年累计160亿美元的巨亏，他从战略、组织、文化方面对IBM实施了大刀阔斧的变革。

作为麦肯锡前合伙人，执掌过卡夫（食品）、运通（卡）的CEO，他深知战略的核心问题是执行。他在推动IBM转型变革期间，就指出IBM不缺乏前瞻的趋势洞察和精妙的战略设计，但最后的结局往往是战略报告被放到文件柜里束之高阁。IBM内部曾经流传这样的小故事：有一次，IBM战略负责人把战略报告呈送给郭士纳，他甩到桌子上，不屑地说："你这份战略报告的价值还不如你打印用的纸值钱。"为了解决战略执行难的问题，郭士纳在1997年将哈佛商学院迈克尔·塔什曼教授（Michael Tushman）的一致性模型（The Congruence Model）引入IBM（如图8-4所示）。

存量增长
构建好战略增长模式

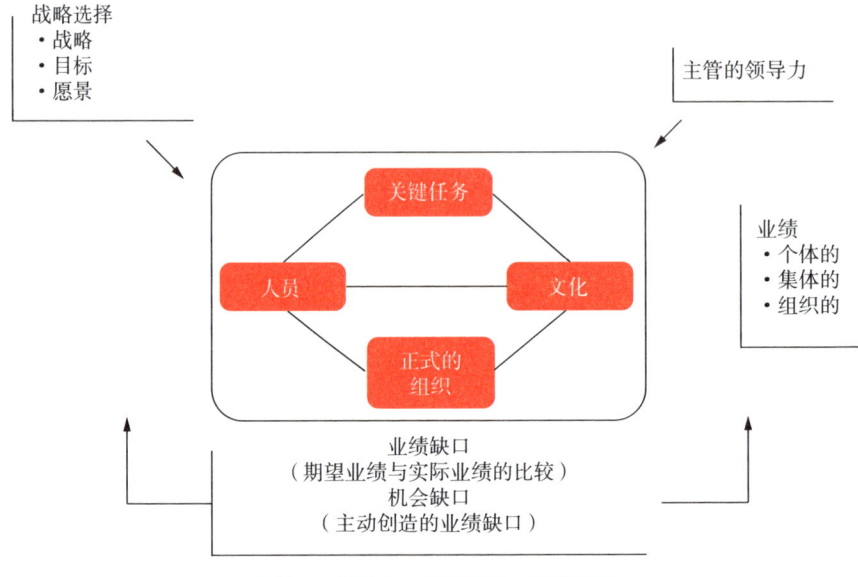

图8-4 迈克尔·塔什曼的一致性模型

从图8-4中不难看出，一致性模型就是BLM的雏形，它囊括了差距、领导力、战略制定和战略执行，只是它的重点放在战略执行的四个关键要素和一致性上，而对如何进行战略设计没有展开。针对这一薄弱环节，IBM战略部门遂又将美世公司的VDBD（Value Drived Business Design，价值驱动业务设计）即企业业务设计的元素引入进来，并联合哈佛商学院的研究团队，推出了BLM模型的1.0版本。

2003年，彭明盛作为郭士纳的继任者，成为IBM新的掌门人，他认为核心价值观是IBM战略得以彻底执行的关键支撑，遂将价值观作为和领导力上下呼应的底座固定下来，这就是今天我们熟悉的BLM的样子（如图8-5所示）。

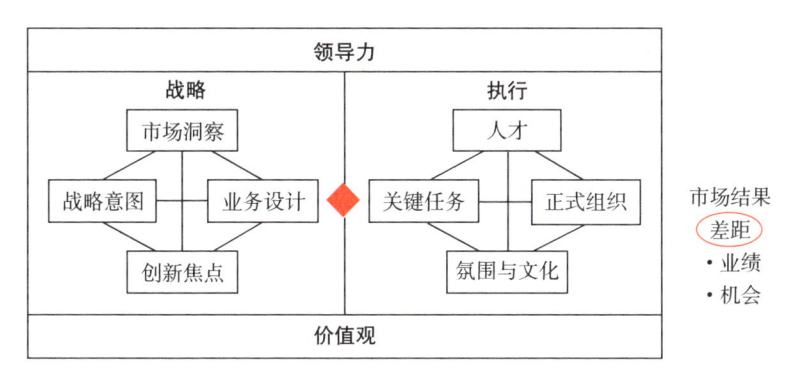

图8-5　BLM业务领先模型

BLM的独特价值和结构组成

　　BLM作为赋能战略管理的领导力工具，在IBM一经推出，就得到了积极的响应，不仅指导IBM高层开战略研讨会，而且成为IBM数万经理人统一学习和使用的方法论。BLM被广泛使用到战略管理、领导力培训和人才培养等工作中，有效支撑了IBM的战略转型，并助力IBM真正成为由战略驱动增长的企业。

　　同时，BLM也被众多IBM的咨询客户引入自身企业的战略管理中，其中运用最好的莫过于华为了。2007年，IBM人力资本咨询团队在ILD（集成领导力开发）项目中，把BLM作为领导力提升工具引入华为，其后华为青睐于BLM贯通战略制定和执行的系统性，遂以其为框架底座，构建起DSTE（Develop Strategy To Execute，从战略到执行）闭环战略管理流程体系，BLM也随着华为在全球所向披靡、持续高速增长而在中国名声大震。

BLM之所以在IBM战略实践中富有成效，并在企业界和战略圈形成广泛影响力，归根究底在于BLM是迄今为止为数不多把战略分析、战略制定、战略执行，乃至战略评价和复盘全面贯穿打通的战略框架工具，其"BLM-3-3-4-4"[①]的框架，紧扣战略成功的核心要素，可谓"刀刀见血，直击要害"。

BLM-3： 从整体纵向结构看，BLM的独特之处在于战略管理（包括战略制定，战略执行和差距）上顶领导力，下筑价值观，其中领导力是BLM的画龙点睛之笔。

BLM一直存在"业务领先模型"还是"业务领导力模型"之争，其实两者各有千秋，Leadership翻译为领先，可以更加突出BLM的目标，就是"业务领先，创新为要"；翻译为领导力，则更突出了BLM的手段，即业务领导者要能够承担起战略制定和执行的核心责任，笔者更倾向于后者，因为领导力是战略成功的关键要素。

正如上文曾经提到的，20世纪70年代，美国众多大公司在战略管理中曾经走过一段弯路，不了解业务的战略职能人员闭门造车，主导战略制定，结果导致看上去很美的战略无法得到有效执行和实施，业务线负责人对战略认同度低。而进入80、90年代后，这些公司陆续开始纠偏，典型的如杰克·韦尔奇提出"拆掉战略部"，业务领导人开始走向前台在战略制定和执行中发挥主导作用，战略职能人员则退居幕后主要扮演赋能组织的角色，BLM就是在这一背景下应运而生的。

---

① 3：代表BLM纵向由领导力，战略管理，价值观三部分组成；
　3：代表战略管理是由横向的战略制定、战略执行和差距三部分组成；
　4：代表战略制定是由战略意图、市场洞察、创新焦点、业务设计四部分组成；
　4：代表战略执行是由关键任务、正式组织、人才、文化氛围四部分组成。

BLM-3-3：聚焦由战略制定、执行和差距三个部分组成的战略管理，其中包括机会差距和业绩差距的差距部分是神来之笔，具有独特价值。

一方面，差距通过"评估"和"分析"把战略管理三部分贯穿联通。"差距评估"作为"终点"上联战略执行，"差距分析"则作为"起点"下接战略制定和战略执行，从而把战略打通成闭环的管理系统。

另一方面，差距分析对战略的"业绩差距"和"机会差距"刨根究底，深挖根因，进而修正战略执行，保持战略制定循环。其中，"业绩差距"对应战略执行，是回顾过去已经发生的事实，发现差距，进而从战略执行的四个关键维度及其一致性中寻找根因；"机会差距"则对应战略制定，是面向未来没有发生的可能，基于"如果不做……则会造成……差距"为假设，来重新洞察市场，寻找机会，完善业务组合和设计。

BLM-3-3-4：聚焦战略制定部分，它是由市场洞察、战略意图、创新焦点和业务设计四个相互牵制、影响的关键要素组成。BLM在战略制定部分最大的特色就是贯穿了"业务领先，创新为要"的战略宗旨和原则，这应该也是能够吸引到华为的魅力之一。

市场洞察：就是对外部市场发展趋势和变化，尤其是重大变化所带来的机会和威胁做出分析和判断，结合对自身实际的客观认识，找出战略机会点。"伟大企业往往是伟大机会成就的"，所以机会点找准了，找对了，战略制定环节就成功了一半。

在战略制定的四大模块中，市场洞察为战略意图、创新焦点和业务设计分别输出方向机会（宏观）、业务机会（中观）和细分市场机会

（微观），事实上，"数一数二"的战略意图背后往往离不开企业最高领导人对国际、国内长期发展趋势的判断和战略机遇的洞察，所以想当然把战略意图作为战略制定的逻辑起点是不恰当的，容易让长期战略目标因为没有洞察而变得"假、大、空"，失去方向引领和凝聚、激励人心的作用。

市场洞察离不开对企业内外部数据的收集和分析，但成功关键在"洞察"，是往里看，深到本质、趋势和主要矛盾，而不是停留在现象和数据表面。而且好战略不仅要洞察外部市场，还要洞察企业内部的能力、禀赋、瓶颈即优劣势，所以市场洞察要和"差距分析"相结合，做到"三观正确"，即宏观要顺势而为，中观要洞察本质，微观要了如指掌。

1. 宏观要顺势而为：要善于理解和把握宏观政治、经济、社会和科技的发展趋势及其对本行业的影响，就目前中国企业面临的宏观环境来看，其中可能包括政治上的中美关系，经济上的增长动能爬坡转型，社会上的需求升级、消费分级和购买力下降共存以及人口老龄化和向中心城市聚集，科技上包括新能源和人工智能等的新质生产力。

虽然宏观因素会影响所有行业，但是不同因素对不同行业的影响力是不同的。一般来说，技术维度对科技型企业的影响，相较传统制造业企业会更大。

趋势是长期缓慢但坚定的变化，它既可能是风口，也可能是洪水猛兽，在趋势面前企业、个人的力量都是微不足道的，甚至一个行业、一个市场都会被冲击得面目全非甚至泯灭。

在互联网信息爆炸和信息同步无差别获取时代，你知道的大家也都知道，宏观趋势分析在企业之间并不构成明显差异化，所以宏观层面的难点不在洞察，而在顺势而为。在趋势面前，顺大势，抓风口，避开灰犀牛，防备黑天鹅。

2. 中观要洞察本质：中观就是要下沉一级到具体行业面。一般而言，大部分行业在10～30年周期内，都会至少经历一次剧烈的变革，促发因素既有来自宏观政治、经济、社会和科技的变化，也有产业自身技术周期和产业结构变化的原因。

对于行业分析来说，一般要包括三个方面：行业重大趋势变化分析，行业吸引力和竞争结构分析，以及行业关键成功要素分析。

（1）行业重大趋势变化分析：这其中可以包括行业技术、产业链中利润区漂移、市场和客户需求等的重大趋势变化分析。

（2）行业吸引力和竞争结构分析：这其中可以包括对行业未来增速、利润率、集中度以及行业五种竞争力量（竞争者、新进入者、替代者、供应商、客户）的力量对比现状和趋势分析。

（3）行业关键成功要素分析：每个行业都有其可称之为关键成功要素的独特制胜规则和窍门，它们往往是业务快速增长的发力点和增长模型的关键组件。

但隔行如隔山，甚至一些貌似相近的行业，其关键成功要素也可能会差异很大，如标准化消费品和定制化消费品行业的关键成功要素不同，客户成熟型行业和不成熟型行业不同，快速增长行业和停滞增长行业不同，充分竞争行业和关系型行业不同，技术迭代速度快和慢的行业不同，等等。同时随着行业和市场外部环境的变化，行业关键成功要素也会发生变化。

洞察行业关键成功要素并不容易，它既需要有对行业深入了解的专业知识，还需要洞察本质的结构化思考能力。相对来说，行业内能够持续保持增长的领军企业，往往会更深谙其道。

不管企业采取何种竞争战略，都必须满足和暗合这些窍门和要素，一些跨行业进入的企业遭遇挫折，背后的原因之一就是不通晓甚至背离了这些关键成功要素。

因此进行行业关键成功要素分析，并且针对关键成功要素找出差距，投入资源弥补短板就变得至关重要。

3. 微观要了如指掌：微观分析则是对进入企业视野的实战层进行知己、知彼的分析，这既要包括对外部细分市场和目标客户、竞争对手的分析，也要包括对企业内部能力、资源、管理水平和优劣势的评估。

所谓"看彼易，看己难"，在现实战略制定中，灯下黑的问题反而更为突出，成为导致战略无效的关键原因之一。如果说宏观分析让战略正确，中观分析让战略精彩，微观分析则是让战略可行。

而对自己了如指掌，包括既要看清自己的不足和能力瓶颈，也要看清楚自己的能力禀赋和优势。

在对自身能力的评估上，很多企业会存在最高领导人高估、管理层低估的现象。企业最高领导人往往眼里只有机会，对企业内部的能力不足和资源匮乏熟视无睹，而管理层则习惯停留在能力和资源现状，甚至过往的失败经验上。

企业最高领导人经常是高估能力的乐观主义者，最终往往导致战略无法执行或执行失败，尤其是在存量市场时代，机会少，资源获取渠道不足，环境试错包容度低，高估机会和能力的风险也会大大增加。而管理层低估能力高估困难，则会使战略执行大打折扣。理想解决方案是企业最高领导人和管理层就机会和能力提升规划尽可能达成共识。

我们常说"战略就是要用好企业强项，管理则要擅抓短板"，而任何将未来战略部署和打法建立在企业优势和禀赋上的，效果往往可以事半功倍，反之则事倍功半，但现实中，很多企业对自己的优势和禀赋反而缺乏了解和重视，甚至为了追求短期绩效，急功近利，采取了一些杀鸡取卵、削弱甚至破坏自己优势资源的举措。这种荒腔走板的做法，在经济大环境不好的时候，极容易让企业的发展陷入险境。

战略意图：战略意图是感性追求和理性洞察交融的产物。

1. 感性追求："Strategic intent"（战略意图）一词来自加里·哈默尔和普拉哈拉德（核心竞争力的提出者）1989年发表在《哈佛商业评论》上的同名文章。该文分析日本一流企业在全球战胜美国对手的原因之一，是在很弱小时，就提出胆大包天的长期目标，而且进一步总结出"过去20年中达到世界顶尖地位的公司，最初都具有与其资源和能力极不相称的雄心壮志，我们将这一令人着迷的事物定义为战略意图"。

战略意图得到IBM和华为青睐的原因，正是契合了这两家企业一直以来的战略气质，揭示了它们持续增长的底层逻辑——竭力追求业务领先，敢于提出"胆大妄为""数一数二"的战略目标。IBM的创始人老沃森，在IBM规模不大时就把企业命名为"国际商业机器"；而任正非在1994年，收入只有几亿元的规模时，就提出华为"三分天下必有其一"。

战略意图的价值在于给战略注入灵魂和激情，通过提出超越企业本身资源和能力的长期奋斗目标，来激发全体员工的雄心、斗志和创造性张力，倒逼管理变革和组织能力提升。

战略意图虽然是感性追求，但是必须遵循"理性洞察，结构表述"的原则，否则极易沦落为流于形式的空洞口号。

2. 理性洞察：好的战略意图，绝非"人有多大胆，地有多大产"的壮志豪情，而是首先来自对宏观政治经济形势、行业价值转移、市场发展趋势的深刻洞察。例如，比亚迪创始人王传福看到新能源的大势所趋，提出了称雄新能源汽车的战略意图。

3. 结构化表述：战略意图从结构上既应该包括使命、愿景，这些代表企业长期战略方向的追求，还应该包括覆盖3到5年中期的战略目标。

使命是组织存在的价值和理由，向上、向外承接的，可以理解为"上级组织或外界托付一项使命给本组织"。愿景通常是企业需要经过10年以上的努力奋斗才能实现的目标，往往富有挑战性，带有情感契约意义。

战略目标则是企业实现使命、愿景过程中的阶段性里程碑，是通过市场洞察，以终为始的思考，在"愿做、可做、能做"基础上形成的中期目标，通常可以包括企业3到5年要遵循的战略方针、定位以及具体的财务、市场以及核心能力建设目标。

所以一般说来，使命、愿景从"为什么追求""追求什么"的角度，为战略目标提供了指引，也为战略选择明确了原则，战略目标则从"如何追求"角度为使命和愿景的实现提供支撑。

创新焦点：突出强调创新在战略制定中的价值是BLM的特色之处，因为IBM笃定"持续创新、变革，敢为天下先"是业务领先之道。所以此处创新，和我们下意识认为的强调"技术原创和领先"的创新有所不同，这里创新的定义更接近"为获取业务领先和突破式增长所需要在经营、管理模式和选择上做出的重大创新和改变"。因此，IBM特别关注产品、服务和市场创新，业务模式创新和运营模式创新这三类可以直接影响业务领先和突破式增长的"焦点"。

产品、服务和市场创新，可以具体包括新产品及服务、新客户、新交付方式、新地理领域和新产业结构五种直接带来"增量"的创新方式，是企业实现突破式增长的关键把手。

产品、服务和市场创新是创新焦点模块重点输出的成果，在战略层面上对应探讨赛道选择的公司层战略设计和业务组合管理。

正如上文所述，始于20世纪60年代末期的业务组合管理工具探索，已从专注市场份额和低成本优势的波士顿矩阵升级为以创新驱动增长，通过差异化管理实现业务周期动态平衡的三层面增长阶梯。IBM也是依据三层面增长阶梯理论，将业务区分为成熟业务、成长业务和新兴商业机遇（EBO），通过采用不同的评估方式等差异化管理方式，提高EBO的孵化成功率。

业务模式创新即商业模式创新，在战略设计上对应的是业务层战略，探讨的是如何在既定的赛道（或机会点）上，通过创新价值创造，打造竞争优势和护城河，来赢得客户和竞争，保护好利润区，从而获得可持续的增长。业务模式创新的结果是业务设计模块的输入。

创新的商业模式往往离不开创新的运营模式支撑，同时企业需要通过运营模式创新来解决效率和生产力提高的问题，其中包括形成最佳的成本结构、优化流程、核心职能再造等。

业务设计：战略制定中业务设计模块是其他模块的落脚点，而任何的战略机会点也要通过业务设计来实现。很多企业都是多业务的，这些业务虽然大都具有一定相关性（共享品牌、技术、渠道和客户资源、制造和供应链、管理资源等），但是即使貌似接近的业务，其商业模式也可能完全不同，所以企业的业务设计往往不止一个。

业务设计模块的理论基础来自VDBD（价值驱动业务设计），经过IBM的屡次迭代最终归结为客户选择、价值主张、价值获取、活动范围、战略控制点、风险管理六个关键设计要素，它们围绕着"如何为客户创造价值""企业如何获得价值"以及"企业如何守住价值"展开。

1. 客户选择：即业务重点为哪些客户和市场服务？这里需要强调的是，不要期望服务所有客户，企业是"以目标客户为中心"而不是"以客户为中心"，所以基于细分来进行客户和市场甄选就尤为重要了。市场细分固然离不开数据的理性归类分析，但更重要的是需要基于对市场深度研究下"灵光一现"的设计师思维，蓝海业务的发现经常来自一个精妙的市场细分设计。

2. 价值主张：即业务重点在哪些价值点上为客户创造差异化价值？这里强调企业不可能在客户的所有价值点上都超越竞争对手，因此价值点的选择，需要综合考虑三个问题：客户最看重的价值点有哪些？我擅长的价值点有哪些？竞争对手在这些价值点上的表现如何？最终企业需要选择客户最关注，比竞争对手更有优势的价值点，作为重点突破和推广的"价值主张"。

3. 价值获取：即业务如何赚钱？利润从哪里来？基于成本结构和收入来源的赢利模型是什么？影响企业赢利模型设计的因素很多，但最关键的是企业所属行业、客户选择和价值主张，以及业务和产品组合，

《发现利润区》一书对最佳的赢利模式做了总结，优秀企业的赢利模型往往是其中多种模式的组合。

（1）低成本模式：通过创新运营、价值链、渠道，或者获得更大市场份额取得规模效应，以及在制造和提供服务方面积累比竞争对手更多的经验等，来建立低成本优势。

（2）产品领先模式：通过更快地推出独特的高利润产品，在竞争对手反应和模仿成功之前赚取最大超额利润。

（3）区域领先模式：竞争优势、成本产生和区域因素紧密相关，成为区域领袖而非全国性公司是成功的关键。

（4）客户关系和解决方案模式：深入了解客户的需求，提供系统解决方案，和客户建立起紧密不容易中断的持久合作关系。

（5）专业化聚焦模式：通过产品、技术的专业化聚焦，来获得比"万金油"企业更好的声誉、更高的质量、更低的成本、更短的销售期和更好的现金流。

（6）产品金字塔模式：面向不同购买力和消费偏好的客户，建立起由底部低价位、大批量和顶部高价位、小批量组成的产品金字塔组合。底部产品走量起到防火墙作用，以保护顶部产品丰厚的利润。

（7）基础产品模式：把基础产品作为引流产品，不追求利润，但其衍生产品的利润极有吸引力。

（8）配电盘模式：即平台模式，加入平台的供应商和客户越多，平台的价值越大。

（9）行业标准模式：把行业标准作为引力场，把用户、开发商、设备提供商等生态链的利益相关者吸引过来，遵循网络效应，进入生态系统的人越多，系统的价值越大。

（10）价值链定位模式：在很多行业，利润集中在价值链的某些环节，而其他环节利润极少。企业可以调整价值链的定位，向行业的利润区转移。

（11）品牌模式：企业投入巨额营销资金，来打造公众对产品的认同、信任和信誉，客户愿意为产品支付远远高于其他同样功能产品的价格，以享受使用该品牌产品和服务获得的无形品牌效应。

（12）周期模式：行业具有独特、明显的周期，行业利润往往是行业周期变化的函数。企业可以利用行业周期，通过采用产能布局、差异化定价等内部手段，来优化自己的市场地位。

4. 活动范围：任何一个企业都身处一个或多个产业链中，随着社会化分工越来越细，在产业链中的定位，即做什么和不做什么，以及如何和产业链成员合作都至关重要。企业在产业链的定位，往往取决于五个方面的考虑。

（1）利润区：产业链中的利润区即最赚钱、居于主导位置的环节现在以及未来在哪？企业产业链定位有没有体现这一点？

（2）优劣势：企业最擅长的环节是哪些？是不是体现在产业链定位中？

（3）差异化价值点：要牢牢掌控差异化价值点，目前的产业链定位是不是配合一致并持续深化？

（4）成本：自己做和外部做，哪个综合成本更低？目前的产业链定位是不是体现了成本最优？

（5）风险和可控性：受到地缘和政治等不可控因素影响，原材料和零部件尤其是核心不可替代组件,是否存在供货风险?目前产业链定位和供应商来源多样性是否充分考虑了该风险?

5. 战略控制点:战略控制点就是保护业务利润免受侵蚀的护城河。战略控制点往往表现为对行业关键成功要素和资源(包括标准、专利、技术、关系、原材料等)的占有和垄断,具有排他性和难以效仿性。IBM、华为等企业都把战略控制点的设计和构建,视为战略管理中最核心的关键任务之一,华为就认为"没有强大战略控制点的战略机会点犹如建立在沙丘之上的大厦"。

好的战略控制点设计关键要体现以下两个原则。

(1)强度原则。不同的战略控制点和手段对利润的保护强弱程度不同。一般来说,排他和难以效仿性越强,战略控制点的强度越大,由此可以由强到弱分为三等九级(如表8-1所示)。一个好的业务设计要至少有一个战略控制点,而且战略控制点的强度等级越高,数量越多,则护城河越宽,由此企业业绩的可预测性也就越高,估值也就越高。

表8-1 战略控制点的强度区分

等级		关键成功要素和资源	代表企业
高等	九级	拥有行业标准(或强大的专利组合)	例如:微软、甲骨文、高通、英伟达、ARM、华为
	八级	控制价值链/生态链	例如:苹果、三星、Wintel联盟
	七级	绝对的支配地位(市场份额)	例如:微信
中等	六级	深度合作和捆绑的客户关系	例如:通用电气、IBM、华为
	五级	品牌影响力	例如:宝洁、苹果
	四级	技术领先两年	例如:台积电
低等	三级	分销渠道和网络	例如:分众传媒、vivo、oppo、小米
	二级	技术领先一年	例如:英特尔
	一级	10%~20%的成本优势	例如:富士康、沃尔玛

（2）关键成功要素原则。战略控制点和手段的设计，一定是基于对行业关键成功要素即战略制高点的洞察，所谓"得××者得天下"。例如，科技行业是得技术者得天下，标准制造业则是得规模者得天下，大宗商品销售行业则是得资源者得天下。同时，在行业的不同发展阶段，企业的战略控制点也会发生变化，例如在增量市场时代，中国消费品制造企业是得渠道者得天下，而客户日趋成熟的存量市场时代，则是得产品力者得天下。

战略控制点的构建。明确了战略控制点后，企业就要对战略控制点进行资源倾斜，否则"不投入的规划都是鬼话"。而如果设计的战略控制点正是公司过去成功沉淀下的优势资产（如品牌，网络，关系等）和能力（研发能力，制造和供应链能力等），企业需要进一步强化，而不能高枕无忧甚至削弱。

企业在构建直接战略控制点的同时要高度重视组织管理能力的建设。一个能够持久打造出战略控制点的企业，往往具有底层极强的组织管理能力，尤其对于组织管理能力底子薄的中国企业来说，组织管理能力建设周期长、难度大，但持久性强且价值大。组织管理力从长期看是战略控制点的"控制点"。

6. 风险管理：战略规划和业务设计是基于对未来的假设做出的提前布局，因此存在很大不确定性，需要梳理出可能的风险点，评估风险影响程度，并制定风险应对措施和预案。尤其需要指出的是，面临全球百年未有之大变局，企业未来将持续处于动荡不安的政治、经济环境中，在增量市场时代并不被很多企业关注的风险管理能力，将成为企业在环境容错率低的环境下，拉开差距的另一个竞技场。对黑天鹅类风险具有洞察和预防能力的企业，较那些对灰犀牛类风险都熟视无睹，继续采取冒进策略的企业来说，将具有碾压优势。

企业在战略规划和业务设计中，需要预测和应对的风险，主要有外部和内部风险两类。

（1）外部风险：政治关系、政策变化、国际贸易环境、法律环境、经济形势、疫情灾害、汇率波动以及产业风险（发展周期、技术迭代、需求变化）等。

（2）内部风险：原材料涨价、关键物料缺货、生产能力不足、客户信用风险、流动性风险、大客户流失风险、商业机密和数据泄露风险、人才流失风险、系统遭受攻击、重大研发失误风险、新产品开发和推广不及预期、串货和乱价风险、品牌信用风险、质量抹黑风险、经销商哗变风险等。

对于以上风险，企业可以采取五种应对策略：规避、承受、利用、减少和分担。

（1）规避：严格管控业务组合中风险显著高于其他部分的业务。

（2）承受：重新对产品和服务进行定价，使之能对风险部分进行补偿。

（3）利用：通过专业人员和流程管理，发现风险中蕴藏的发展机会。

（4）减少：启动危机管理机制以降低风险发生时带来的冲击。

（5）分担：将缺乏竞争力的业务外包以转移风险。

BLM-3-3-4-4：聚焦战略执行部分，它由关键任务（核心）、正式组织（硬件）、人才（资源保障）、文化氛围（软件）四个相互匹配、要求保持一致性的关键要素组成。

1. 关键任务：关键任务是连接战略制定和执行的桥梁，在战略执行四要素中发挥主导作用。关键任务是为了实现战略目标和规划而做出的战役部署，涵盖3到5年的中长期战略举措，具体既包括业务增长举措，也包括涵盖运营流程设计、改造以及信息化建设等的能力建设举措。关键任务需要对行业本质、企业增长关键矛盾、业务成功路径、能力瓶颈有深刻认识，所以往往是从差距分析、市场洞察、战略意图、创新焦点及业务设计中分解和推导出来的。

每一项公司级关键任务，一般都要由一个公司级领导挂帅负责。负责人在认领之后，要组织各部门进行战略解码，分解为年度的重点工作，随之每个季度进行任务管理和跟进，所以对关键任务既要有量化指标管理，以及马拉松式的长期滚动跟进管理，还要有颗粒度足够小的任务管理。

2. 正式组织：即排兵布阵、授权赋能、考核激励，是确保战役打赢、关键任务落地执行的根本保障。正式组织决定了人才以及资源的发挥程度和效率，同时对组织和团队氛围有直接的影响。正式组织完整的内容包括机制、组织架构、业务流程和管理体系；授权、行权和问责，决策流程和协作机制，信息和知识管理；关键岗位的设置和能力要求，职业规划和晋升，以及绩效考评和激励等。

战略经典学派笃信的"战略决定组织"，在BLM模型中，代表着组织设置一定要匹配战略设计（包括战略意图、业务组合和设计以及关键任务），而在具体操作中，以下三点尤为关键。

第一，正式组织一定是机制先行，所以一方面要处理好经营和管理的关系，始终不能够让管理大于经营，管理要多赋能服务，少管控约束，管理不能太沉重、太僵硬；另一方面要将组织活力始终放到第一位，鼓励内部赛马、市场化核算。

第二，不同模式和生命周期阶段的业务，需要匹配不同的组织设置。例如，孵化业务就需要匹配灵活机制和高效简洁流程，以利于敏捷开发、快速迭代产品，快速响应市场，考核则应关注关键里程碑事件的达成情况以及资本的估值，而非销售收入；而对于成熟业务，则要关注流程的规范化和优化，持续"拧毛巾"以提高运作效率，以及追求利润等运营结果的贡献。

第三，一个重要但尚待大发展的战略举措，往往需要以定位清晰、责任明确的组织设置相匹配，甚至成立专门的组织机构，只有这样才便于执行，减少协调成本，打造和培养专业能力，并易于对推进效果进行评价。

3. 人才：人才往往是关键任务无法实施的最大瓶颈，所谓"人对了，啥就都对了"，业务组合和设计、关键任务和正式组织确定后，战略执行就需要面对以下五个人才问题。

（1）哪些是关键岗位？需要什么样的经验、技能和能力标准？（这是和正式组织的链接）

（2）现在、未来需要的人才数量、质量和结构是怎样的？

（3）现有人才和需求差距有多大？

（4）弥补差距的策略是什么？

（5）人才如何获取？如何培养？如何激励和保留？

就实践而言，人才问题的解决要重点关注三个"牛鼻子"。

首先要关注领导者尤其是业务领军人物的选拔和搭配。所谓"兵熊熊一个，将熊熊一窝"，业务领军人物，其能力经验和人格特征是否和业务特性（包括发展阶段要求）以及岗位任职资格匹配，将直接关系该业务的成败。此外，完美的领导者并不存在，事实上，"优点越突出，缺点也越突出"，所以完美领导力都是搭配出来的，典型如电视剧《亮剑》里的李云龙和赵刚，激情和理性，军事和政工的搭配，再如传为佳话的华为任正非和孙亚芳的"芳非组合"，海尔张瑞敏和杨绵绵的"张杨组合"，格力朱江洪和董明珠的"朱珠组合"，也都曾在华为、海尔、格力的关键成长阶段发挥了"完美领导力组合"的作用。

其次是人才来源渠道的结构占比。一个企业核心人才包括业务和技术领军人物，最完美的来源之一是企业从校园招聘开始培养的娃娃兵，华为、美的等优秀企业在成为社会黄埔军校的同时人才仍然生生不息，正是由于核心业务和技术、专业领导绝大部分由内部培养。而在企业不断成长、变大的过程中，或因为进入新的技术和陌生的业务领域，或内部培养的速度赶不上业务发展的要求，抑或是寄希望通过炸开金字塔引入外部力量来应对企业熵增，企业不可避免地要从外部引入业务和技术人才。但在核心人才来源渠道的结构中，内、外、少（年轻人）比例必须科学、合理，否则会导致企业在稳定和活力之间失衡，或沉闷停滞、缺乏变革创新能力，或组织动荡、不安，组织能力停滞不前。

此外要高度关注关键岗位的后备梯队建设。缺乏战略预备队，尤其是关键岗位没有后备人选的企业，很难有持续的组织活力。后备梯队对组织存在"一箭三雕"的价值。

（1）降低关键岗位人员流失带来的业务和技术断档风险；

（2）对关键岗位人员的行为和心态形成约束；

（3）通过让"未来之星"对未来可期，来提供有效精神激励，并降低流失率。

4. 氛围和文化： 正如《执行》[①]一书中提到的"如果没有适当的软件，再好的硬件配置也无法帮助一台计算机完成预期的任务。同样，在一个组织当中，如果软件部分（人们的信念和行为习惯）没有到位，硬件部分（战略和结构）也无法真正发挥作用。"

BLM战略执行部分的"氛围和文化"和底座的"价值观"都是组织的软件部分，它影响着组织和团队成员的信念和行为，是实现高绩效目标和关键任务的关键影响因素，但两者又有所不同。

价值观是企业所倡导的为保证战略实现，整个企业从上到下都要遵循和践行的价值标准和行为习惯，而"氛围和文化"在这里是指在业务单元和团队中，不以人意志为转移，实际存在的信念和价值标准。其中，信念体现团队成员相信什么是真正重要的，价值标准则是团队中自发形成，已经约定俗成的行为准则、"游戏规则"。一般来说，当成员态度和行为符合价值标准时，就会被视为正确和合适的，不符合则会受到惩罚，而"通过留意自己和他人（尤其是新人）的遭遇和观察团队成员赞成或反对什么的行为和态度，管理者就能收集到有关价值标准的信息"。[②]

"氛围和文化"主要受到两方面的影响：一是正式组织的人力资源考核、激励和奖罚政策，例如华为的狼性奋斗文化与其价值评价和分配政策直接相关；二是团队主要领导的领导力和风格。而后者对团队的"氛围和文化"影响更加直接，因为他（她）决定了公司价值观和人力资源管理政策在本团队的具体落地和实践。

[①] 博西迪, 查兰, 伯克.执行：如何完成任务的学问[M].刘祥亚, 等译.北京：机械工业出版社, 2004.
[②] 塔什曼, 奥赖利三世.创新跃迁[M].苏健, 译.成都：四川人民出版社, 2018.

"氛围和文化"中的信念和价值标准可以帮助也可以妨碍业务单元战略的执行，和企业所倡导的价值观可能完全一致或部分一致，但也有可能严重冲突甚至背道而驰。所以在战略执行设计和检讨当中，要对文化和氛围的真实现状进行评估。

（1）存在什么样的问题，哪些阻碍了任务、举措的执行？

（2）为了战略和企业价值观的落实、团队业绩目标的达成，"文化和氛围"未来应该长成什么样子？

（3）现在需要采取什么样的改进措施，尤其是团队负责人的领导力和风格要做出哪些调整和改变？

BLM的识别和使用

对于向战略驱动增长模式转型的企业来说，BLM作为将战略管理各部分打通的关键要素模型，以其系统全面性和对战略关键成功要素"一针见血式"的提炼，具有无可比拟的独特价值，堪称经典。但也绝不能因此神话BLM，无限放大其能效，尤其对于计划引入的企业来说，首先要识别其局限性，基于此再规划如何扬长补短使用BLM。

BLM是集大成的思考框架工具，最适用的场景是赋能各级领导者进行全流程战略和绩效的闭环管理，这既是BLM的优点，也是它的局限性所在。

1. BLM作为战略框架类工具，无法支撑战略的精细化设计。正如上文提到的，不适于单独使用，需要参考战略工具图谱，整合对应的战略应用类工具，才能充分发挥其功效。例如，市场洞察模块需要对应整合PEST分析、波特五力分析、产业链分析、行业生命周期分析、竞争格局分析、细分市场分析、企业价值链和关键成功要素分析、企业能力冰山模型等；创新焦点模块需要对应整合GE矩阵，三层面增长阶梯等；业务设计模块需要对应整合VDBD等。

2. IBM开发BLM的初衷，是推动业务领导者成为战略制定和执行的主力，所以BLM是帮助业务领导者提升战略管理能力的领导力工具，而并非针对战略职能专业人员进行战略职能管理的工具。这也就不难解释，当华为基于BLM构建战略管理流程时，发现BLM并不能满足"战略左右（职能）拉通、上下（层级）打通，和年度经营计划、预算挂钩，对接考核激励"的职能管理要求，所以随后又从三星引入了用于战略解码形成年度业务规划（BP）的BEM（业务执行模型），以及用于战略绩效考核的战略地图+平衡计分卡。

此外，在使用BLM和被整合的应用工具时，也不能照搬照套，"没有一家企业是完全一样的"，而应该结合企业所处的行业、发展阶段和实际资源能力，活学活用，必要时进行针对性改良和二次开发。例如，BLM是基于IBM所处的信息化科技产业和"业务领先，创新为要"的企业价值诉求而量身定制开发的，但对一些处于行业快速发展阶段，规模不大，且适于采用跟随型战略的企业来说，快速模仿和学习往往要优于自主创新，一味强调创新为要，效果反而会适得其反。

对战略工具的熟悉和掌握是衡量战略职能人员专业性的关键标准，原因是战略工具不仅能够帮助战略职能专业人员进行战略研讨会的引导，以及战略成果的形成，更重要的是结构化战略工具是把战略能力建到组织上的"抓手"，一方面它能够赋能业务领导人和战略职能高级管理者提升结构化战略思考力，另一方面，就战略管理体系和流程来说，其搭建的逻辑和程序本身就来源于类似BLM这样的战略结构化框架工具。

| 第九章 |

Chapter 9

以执行为中心的战略管理流程和会议体系

企业将战略能力建到组织上,实现由一个人的战略向体系驱动战略转型的成功标准,一方面战略管理作为自驱动的公司级流程,使战略降低了对个人的依赖,也减少了因个人影响带来的风险;二是以执行为中心的战略管理流程和会议体系打通了战略执行堵点,保证战略融入经营管理中,成为新的增长逻辑。

战略执行难,其原因不能全部归结到执行环节,在战略形成过程中乃至战略本身,也会埋藏"难以执行"的病根,所以从战略管理的整体看,战略执行难的根因可以包括以下三个方面。

1. 战略没有共创,缺乏共识。在"一个人的战略"背景下,战略思考是一个黑箱过程,所谓"一个人想明白,全公司有方向",职业经营管理团队没有深度参与研讨和共同思考,或者即使参与了,也是各说各话,浅尝辄止,不能面对和破解分歧。

虽然增量市场时代不乏这样的案例:企业最高领导者以舍我其谁的战略意志,敏锐超人的行业洞察,在重大机会点出现前,孤注一掷,力排众议,最终使企业赢得了跨越式发展,但存量市场时代,缺乏共创和共识的战略决策,会在三个方面阻碍战略的执行。

(1)职业经营管理团队没有参与感,认为战略是强加给他们的,内心缺乏认同、归属和拥有感,难以被战略点燃和激励;在认知上没有真正理解战略和策略选择的必要性,甚至因不认可其正确性而心存抵触,所以在执行上会存在没有紧迫感，缺乏积极性和主动性，遇到问题和困难创造性不足等问题。

（2）不利于客观、全面和深入理解企业优劣势、实际能力水平和限制要素，容易导致因战略重点不聚焦，资源使用分散，目标好高骛远、不切实际而使执行效果达不到预期，而战略共识事实上正是一个持续深化理解企业优劣势，缩小对企业实际能力水平认知差距的过程。尤其在存量市场时代，需要客观理性地看待企业能力现状和资源局限性，纠正增量市场时代习以为常的机会导向思维，避免对外高估机会、对内高估能力的倾向。

（3）不利于全面、深入地进行专业洞察，从而导致执行策略或不接地气缺乏可执行性，或精准度和针对性不足缺乏冲击力和对增长的拉动力。强竞争的存量市场时代，尤其要求专业策略出招要稳、准、狠，但专业领域的核心关键成功要素越来越扑朔迷离，发展趋势也越来越难以判断，这就要求对专业领域的专题和策略进行大信息量的输入和全方位、无死角的研讨，需要决策层和专业执行层的高手之间进行深度互动和碰撞。

2. 战略无法被执行，其中包括战略没有转化为具体可执行的行动方案，没有分解为各层级员工共同的任务和目标，没有融入绩效考核和年度经营计划管理体系当中。即虚实没有打通、上下没有打通，以及战略和绩效考核、年度经营计划管理体系没有打通。

虚实没有打通。 战略规划为什么会被束之高阁？其中一个关键原因就是看上去很美的战略规划飘在天上不接地气，没有转化为解决增长问题的行动方案。

上下没有打通。 战略执行的另一个突出问题就是"大脑在动，但是腰和四肢不动"，也就是战略仅限于高层，没有传递和融入中基层的工作和行动中，这一问题的根因往往是关键战略任务和指标没有向下层层分解。

战略和绩效考核、年度经营计划管理体系没有打通。 企业中的核心执行和运营管理体系就是组织绩效考核以及公司年度经营计划管理体系。战略如若不能融入其中，打成一片，战略和计划、预算、考核、激励脱节的现象就会接踵而至，战略因此也就很难被有效贯彻执行。一般来说，组织和个人往往习惯因循守旧，除非和利益深度捆绑，战略要求的改变才会真正发生。

3. 战略没有跟进、复盘和实施闭环管理。 很多企业战斗一打响，战略就被抛到九霄云外，无人问津了，直到年底做规划才会重新拿来回顾，更有甚者要等到三年后的下一个战略规划周期。

虽然在战略解码阶段，从战略的关键成功因素中提炼了KPI[①]，战略举措也已经落地为年度关键任务或重点工作，一起融入组织和个人绩效考核中，但绝不能认为就凭此，预期的结果就可以唾手可得。事实证明，没有对战略执行及时跟进、辅导支持、赋能纠偏，以及动态调整，战略同样难以被有效执行。

实践证明，针对以上战略执行问题，有效的解决方案是：企业最高领导人、战略管理职能人员和职业经营管理团队各司其职，在"战略设计、解码、执行和复盘"的结构化框架上构建和高效运行以执行为中心的战略管理流程和会议体系。

这套体系应该是以公司级关键流程形式固定下来的机制和制度，严格遵循管理日历，从而改变"战略时间可以任意被挤占，战略会议可开可不开"的随意状态。

---

① KPI：Key Performance Indicator，即关键绩效指标，是用于衡量组织或个人在特定时间内是否达成预定目标的量化指标。

第一节
企业最高领导人主导下的角色转型

企业最高领导人始终是战略规划的最终决策者，尤其是在企业规模小、面临的是高歌猛进的增量市场时，最高领导人主导战略思考和决策，凭借个人禀赋、行业直觉，力排众议，推动快速执行，反而成为这个阶段企业快速发展的关键成功要素。

随着企业规模变大，市场开始进入存量阶段，战略需要转换为由体系推动，战略的工作也由此"一分为三"，由一个人的战略转变为企业最高领导人、以CSO（首席战略官）为代表的战略职能人员和职业经营管理团队，依据不同的分工定位，扮演好各自的角色。其中，在战略体系搭建阶段，企业最高领导人犹如方向盘，战略职能人员和职业经营管理团队则需要分别发挥好"发动机"和"油门和传动轴"的作用。

方向盘：在企业战略管理体系搭建过程中，最高领导人应以编剧和力量权威的角色成为幕后英雄，成就"战略管理体系"，并为战略贡献智慧，掌舵方向，不偏航。

发动机：战略职能人员在搭建战略管理体系阶段，要负责建立起基于结构化思考、以会议为中心的战略流程体系，并要组织和管理好会议，保证战略分析、制定，战略解码，战略执行跟进，以及战略评价和复盘，这一闭环体系的高效运行。

油门和传动轴：职业经营管理团队和核心业务线领导则承担起战略的传递和执行责任，他们是否深入参与到战略思考中，求同存异，达成共识，承诺责任，对于战略的落地和执行是至关重要的。

在从"一个人的战略"到"体系驱动战略"的建设过程中，企业最高领导人作为第一责任人，发挥决定性作用。这既要求最高领导人自身完成由"主演"向"编剧"的角色转型，同时在体系循序渐进的过程中，全力支持战略职能人员的体系建设工作，给职业经营管理团队足够的战略思考空间，支持并推动他们持续提升战略能力；有耐心接纳其中的不完美，静待花开，并在必要时，引入外部专家和专业机构赋能支持，加速成长进程。

在"一个人的战略"背景下，战略形成过程表现为企业最高领导人离散思考状态下的感官直觉判断，其正确与否取决于最高领导人的个人禀赋、胆识和学习能力。而在体系驱动战略下，战略不再是最高领导人一个人高处不胜寒的独角戏，而是升级为由最高领导人掌舵，战略职能人员赋能、组织，职业经营管理团队共同思考，业务和职能负责人参与研讨设计的共创、共识的过程，但需要指出的是，体系的存在并不能取代最高领导人的战略智慧和愿景情怀，最高领导人的睿智和战略洞察力始终是企业的核心能力，最高领导人的愿景情怀始终是驱动企业持续发展的最强大、最持久的底层动力，尤其是在百年未有之大变局的多变环境下，最高领导人在议而不决、快速应变下的一锤定音，对企业的生存发展至关重要甚至生死攸关。

第二节
战略设计的流程和会议

完整的战略设计流程往往包括战略洞察和战略制定两个阶段，我们习惯将与之对应的战略会议称为战略洞察会和战略制定会。

战略洞察阶段的输出成果是战略意图，即指明企业的长期发展目标，明确未来3到5年的增长目标、方向、路线和机会点。战略洞察阶段关键在于把企业3到5年的增长逻辑说清楚。

战略制定阶段的输出结果是对战略进行细化设计，包括机会点的业务模式，关键在于把未来3到5年的增长策略说清楚。

很多企业习惯每隔3到5年做一次战略设计，类似政府做五年发展规划工作。这种战略制定方式，假设未来环境可以被准确预测而且是静态不变的，这显然不符合实际，最终结果往往是战略规划制定完后就少人问津，报告被束之高阁而失去对现实工作的指导作用。与静态规划不同，战略管理优秀企业则假设外部环境是难以预测的，因此普遍采用动态的战略制定方式，如2023年制定《2024—2028年五年规划》，2024年制定《2025—2029年五年规划》。

此外，很多企业虽然每年按照管理日历，可以按部就班地完成战略洞察和战略制定，但战略规划形成之时，就注定了执行难的命运。虽然从硬件上来说，企业的确走完了战略设计的流程，并输出了形式上的成果，但是缺乏软件的支撑，职业经营管理团队和核心业务、职能负责人，他们即使形式上参与，但缺乏热情的激发和智慧的投入，战略思考和设计没有真实的共创和深层的共识，而解决上述问题的关键在于高效的战略研讨会议管理。

高效的战略研讨会往往要达成三个"既要……更要……"的目标。

1. 既要发散研讨全面覆盖，更要集中共识重点突出。战略研讨始于务虚，在没有拘束的氛围中，有利于积极思考和畅所欲言，这样才能获得尽可能多的创新思路和发现，也才可能为发展方向从多角度、全面搜索各种可能性，事实证明，"战略前期越发散，后期就越利于集中和执行"。而且战略的效果最终取决于行动和执行的结果，所以战略规划终于集中共识和聚焦重点，这样才能保证思想统一、行动有力，以及针对重点工作进行资源的饱和投入，也就是所谓的"力出一孔"。

2. 既要集体智慧，更要服从权威。战略研讨就是要用集体的智慧来对冲一个人决策的风险，所以参与战略研讨的每一个成员的意见都应该被尊重，每一个有价值的观点都应该被真正倾听，使最终决策真正是集体智慧的结晶。但事实也往往证明，好战略不能等同于大多数人的意见，尤其当参与研讨的成员的战略判断力和专业成熟度有待提高时，所以战略决策应该遵循"从贤不从众"，而非简单的少数服从多数的原则。一般来说，公司最高领导人作为公司内部最大的利益相关方，不论从对企业的情感、担当还是企业持续成功证明的战略判断力，都决定了最高领导人的战略意图在其中扮演关键引领作用，尤其当研讨中出现的分歧最终无法达成一致，以及外部环境动荡多变之时，最高领导人更需要扮演一锤定音的角色。

3. 既要理性逻辑，更要感性洞察。好的战略设计一定是"理性"和"感性"合理比例的勾兑。一般来说，越是长期、宏观，感性成分占比越多；越是短期、微观，理性成分则更多一些。而就感性和理性对于战略的差异价值而言，"理性不够的战略容易惨败，感性不足的战略则很难大赢"。

具体来看，战略设计中的理性体现为对事实的了解、调研和大量数据的收集、分析，以及按照分析的逻辑顺序得出战略结论，并遵循客观规律，不能违背常识。战略设计中的感性，一方面体现为超越时空的洞察，即对宏观趋势、行业成功关键驱动因素、企业发展主要矛盾等的准确把握。因为这些矛盾和关键因素并不遵循简单线性逻辑关系，而是隐藏在多因素复杂互动环境当中，所以需要排除干扰，合理分类，方能发现本质。好战略的真实形成过程往往是假设—论证—成立的过程，而非形式上基于事实，数据的逻辑分析演进推导过程，所以说"好战略是表面推导、实际洞察出来的"。

感性的另一方面则体现为创新冒险的企业家精神和勇于拼搏的精神动能。所以战略设计中的感性提供敢为人先、勇争第一的情绪价值，进而体现为一种势能价值，即当企业能力不足时，通过就挑战性的目标达成共识，而形成对能力快速提升的牵引。

需要指出的是，感性的基础离不开理性，即必须尊重客观规律，不能违背常识。剖析成功企业的战略实践，饱含企业最高领导人个人雄心壮志的战略意图，看似异想天开，但背后也是基于事实；对长期趋势的推演，同样尊重客观事物的发展规律；而当感性脱离了理性后，则容易表现为个人膨胀下的异想天开，以及赌性十足、违背常识的臆断。

会前准备

以上三组"既要……更要……"寄希望完全在会议上来平衡和实现是不现实的，所以大会前的"小会"，以及会议的引导资料准备就尤为重要了。具体来说，战略研讨会前需要做好三个方面的准备。

1. 确定会议目标和议程、角色分工和参会人员、时间和地点

会议目标和议程：每次战略研讨会都要有明确的会议目标和成果输出，即使是战略务虚会，也应该形成初步的战略方向共识，而会议的议程就应该围绕成果以终为始来分解。通过按照逻辑推进设置议题，并夯实每个议题的成果，从而保证会议目标的达成。

角色分工和参会人员：战略职能部门的负责人（首席战略官、战略总监等）和专业人员作为会议的组织和筹备者，在会议中扮演主持人和记录员的角色。企业最高领导人和职业经营管理团队需要全程参加战略洞察会和制定会，以及战略规划的最终发布，他们参与议题的研讨和最终的决策。其他参与和列席会议的人员范围，还可以包括主要业务和职能部门负责人，内部业务和技术的首席和核心专家，后备培养人才以及外部顾问和行业专家，其中外部顾问和专家，可以辅助主持和作为各研讨小组的引导员。从平衡会议多样性和效率以及保证可执行的角度，会议研讨人的数量控制在15～25人之间最佳，其中在进入战略细化设计

的战略制定会阶段，可以较战略洞察会，增加更多的具体负责业务的人员参与研讨，从而保证方案的可执行性。

时间和地点：战略研讨要求参会人员能够从日常经营管理的话题和事务中抽离出来，在不受干扰的环境下，持续深入交流企业的长期发展大计，因此一般建议最佳的战略研讨地点放在脱离企业日常办公的场景，一是不受日常工作的烦扰，二是令人放松和有抽离感的环境，有利于畅所欲言，萌发创新的思想和观点。一次战略研讨的最佳时间建议为不受干扰的完整两天时间，这样有利于将议题讨论持续推向深入，从而保证研讨既放得开，又挖得深。

2. 会前对企业最高领导人和核心领导成员的思想观点进行盘点、梳理和结构化总结

战略研讨会要解决好"民主和权威""发散和集中""理性和感性"这三组左右相搏的关系，离不开大会前的小会，尤其对于不擅长理性辩论的大部分中国企业来说，这必不可少。

小会是指通过和最高领导人，以及核心领导成员一对一的一次甚至多次沟通，来澄清观点，盘点差异，缩小分歧乃至纠正偏差，这其中澄清和结构化总结最高领导人的战略意图和观点是关键。

在很多企业中，最高领导人发散性的战略思考和表述，经常让下属一头雾水、困惑迷茫，抱怨"今天这样明天那样，太不靠谱"。殊不知貌似不靠谱的表述，背后可能是极其靠谱的智慧，最高领导人的战略直觉是企业的瑰宝，需要珍视，但又往往因为抽象、感性、碎片化，甚至飘忽不定，而不利于论证、交流和执行，所以要将其挖掘、梳理和提炼

出来，进行逻辑化、结构化、系统化总结。这类沟通可以由企业战略负责人负责，或初期借助外部专家顾问力量。

3. 准备会议引导资料

会议研讨的引导资料，对于保证战略研讨会不偏移主题，有序、高效、富有成果是至关重要的。不同目标的战略研讨会，需要不同形式的的引导资料，总结起来，经常会涉及以下几类。

（1）以战略问题为中心的研讨大纲；

（2）战略专题研究成果分享报告；

（3）内外部环境分析报告；

（4）上次会议研讨成果的结构化输出报告。

会议管理

战略思考和形成由一个人战略下的黑箱模式转型为透明、互动的共创、共识模式，是通过高效的战略会议管理实现的。成功的战略会议管理，除了上述充分的会前准备，会议上主持人对会议的现场管理尤为重要。

面对由企业最高领导人、高管、各业务和职能负责人以及专家参与的战略研讨会，主持人犹如一支交响乐队的指挥，组织协调、调动感染、指挥控制，按照既定的节奏，输出战略会议成果。

在会议前，主持人通过前期的访谈沟通和战略专题研究，对会议的现场管理应该做到有备而来，其中对于最高领导人的战略意图、思想和观点是什么，各位高管的想法又是什么，分歧在何处，以及基于企业优劣势、外部机会和风险分析下的初步战略假设是什么等，主持人要做到心中有数，唯有此才能够对研讨的重点以及可能出现的问题了然于胸，从而实现对会议全局和节奏的有效把控，保证会议成果的达成。

在会议中，主持人需要重点做好三项管理：氛围管理、进度管理和共识管理。

1. 氛围管理：高效的战略研讨会离不开"积极、热烈、有序"的会议氛围，因此需要主持人善于肯定和鼓励，引入竞争机制以及维持好会场纪律。

肯定和鼓励。主持人要对发言人给予及时的肯定和表扬，尽可能不要进行对与错的评价，避免批评和进行现场纠正，鼓励研讨人员积极发言，尤其在需要有创新观点的环节，要鼓励创新，畅所欲言，提升现场头脑风暴的热度，推动互相启发、点燃。

引入竞争机制。在研讨过程中引入竞赛、评优机制，有利于让气氛HIGH起来，典型的做法如分小组PK，不同小组承担不同的研讨主题，各小组轮流扮演陈述者和点评者。

纪律保障。氛围管理就是要聚气而防止散气，导致散气的最关键原因之一就是现场纪律涣散，所以保持现场氛围需要纪律的约束，具体包括禁止迟到早退、随意进出会场、现场办公和接听电话、不服从纪律的无序讨论等。同时，主持人需要保证会议间歇的休息时间，有利于会议纪律的维护。

2. 进度管理：战略研讨会最终成果的取得，需要按照议程进度和节奏，排除干扰，不断夯实阶段里程碑。主持人要做好会议的进度管理，关键在以下两点。

一是要善于提炼总结。会议推进的过程，就是由放到收的循环过程，主持人通过做阶段总结，夯实里程碑，将议程推进到下一阶段。主持人要做到收放自如，该放的时候能放，该收的时候能收，而能收的关键在于主持人的提炼总结能力。具体来说，主持人的提炼总结需要做好以下三个动作。

剔除低质杂音：因为鼓励畅所欲言，所以研讨者的发言当中难免会掺杂大量数据来源错误、逻辑错误和空洞不可行等低质量意见和观点，需要主持人加以信息清洗。

捕捉创新洞见：主持人要把埋藏于沙子中的独具创新价值的洞见，及时提炼和记录下来，待经过进一步论证后，完善到战略假设和方案中。

及时归纳共识：对于反复提及，被多数人接受并支撑战略假设的观点，要及时向参会者总结和确认。

二是要及时阻止跑题。战略研讨会同样存在会议管理中普遍存在的跑题问题。战略研讨会中的跑题现象，大部分和基于局部思维和部门利益的发言相关。虽然战略研讨要求发言者站在CEO的角度，但是大多数参会者日常习惯了站在本部门角度思考问题，尤其是讨论的方向涉及本部门和本人的利益，以局部干扰全局的发言就难免出现。这时候就需要主持人及时发现并提醒，否则不仅无效占用宝贵的会议时间，影响会议进程，而且容易将大家的思考带入歧途。为避免上述现象的出现，主持人需要在会议开始时，就明确研讨原则，并在会议进行中不时重申。

3. 共识管理：很多企业按照相同的管理日历和流程进行战略研讨，但是目标和方式却有所不同。有些企业，追求的是在集体共创下形成战略共识，而有些企业仍停留在最高领导人战略思考的宣讲层面，前者的结果是在共识下形成共担共行，而后者仍是被动的执行，最终战略执行效果的差距显而易见。如果企业战略研讨追求的是在集体共创形成共识下的共担共行，战略研讨主持人就要承担起共识管理的责任。这里需要指出的是，共识并不是"没有不同意见"和"简单的意见一致"，而是"求大同存小异"和"理性和感性融合后的承诺"。

求大同存小异。所谓共识，七八分即可，只要在大方向和关键点上基本能够形成一致，没有严重分歧，就可以执行了，而追求一次性完全的意见一致，既不现实，也没有必要。因为除了耗费大量时间精力，不排除有些人就需要在执行中慢慢消化理解，有些人虽然现场达成共识了但事后还会出现认识上的反复，而且在执行过程中也还会出现前期没有考虑到的新情况，所以共识并不是一次性的，而是贯穿始终，需要持续不断的动作。

理性和感性融合后的承诺。好战略一定是振奋人心、令人鼓舞的。一个人的战略下，战略愿景和方向往往带有浓厚的个人感性色彩。而战略共识则是在集体共创下，参与者通过在机会点、长期目标、实现路径、策略之间建立理性逻辑和强支撑关系，找到个人利益、情感和公司愿景、使命的共鸣和交集，从而树立信心，点燃激情，将公司长期战略目标由个人的梦想和追求转变为集体的梦想和追求。战略共识的高级状态则是在理性和感性融合后，成员形成共担共行、舍我其谁的承诺，即勇担战略执行责任，积极传播战略思想。

对主持人而言，在战略研讨会中，做好共识管理的关键在于"缩小分歧"和"确认共识"。

缩小分歧：当发现在关键观点和意见上有分歧时，主持人不能视而不见，而是要积极缩小和消除分歧。首先明确分歧点，然后通过持续追溯不同观点背后的假设，来深挖背后的原因，以此来缩小和消除大多数因为信息不对称以及思考问题角度不同而引起的分歧。

确认共识：在战略研讨会中，主持人在总结提炼后，要及时确认共识，如"我们达成的共识是……大家还有不同意见吗？"没有不同意见甚至沉默下的共识，价值不大，尤其是在重大决策上，完全没有不同意见，需要警惕。反而时有不同观点分歧，然后在澄清、消减分歧中推进共识，在价值理念方面渐行渐近，是最好的状态。对实在短期无法达成共识的重大意见和观点，如果时间允许，可以暂时搁置，继续做深入交流和研究；如果有时间限制要求，则可以记录在案，用于战略复盘验证。

诚然，打造高效战略会议管理的主角是战略职能部门的负责人（首席战略官、战略总监等），但这背后离不开企业最高领导人的支持以及角色转型。这首先需要一把手做到"少说多听"。企业过去习惯了一把手说，别人去做，"别管这么多，按我说的做吧"。所以，要通过集体共创达成共识，一方面要激发参会人员的发言热情，鼓励他们谈出自己的真实想法甚至不同意见，这就要求即使有不同意见，一把手也要抑制住想发言的冲动，而不是随意打断和评论别人的发言，甚至喋喋不休地阐述自己的观点，把研讨会当成阐述自己观点的舞台。另一方面则需要一把手真正地倾听参会人员的发言。以开放、包容和共创的心态，把分享自己的观点作为抛砖引玉的手段，对不同的意见抱有好奇心，积极思考不同观点背后的假设，吸纳和接受合理部分，而不是不能接受自己的观点被挑战，即使表面上征询不同意见，但心理也是想着如何证明和说服别人接受自己的想法，甚至当大多数人的共识和自己的观点不一致时，"掀桌子重来"，直到和自己的思想统一、观点一致。此外，主持人在整个战略研讨会当中，也要和一把手紧密互动，一方面就一把手的言行给出及时的反馈和建议，另一方面随时了解一把手的战略观点和意见。

会后内容的结构化和跟进

战略设计工作最终要通过输出战略规划报告，把企业未来持续增长的目标、逻辑和策略阐述清楚，其中主要包括使命、愿景、五年及以上发展目标、未来三年具体经营和业务目标、业务组合设计、业务模式和战略控制点设计，以此保证战略既鼓舞人心、催人奋进，又逻辑可信、切实可行。

而就战略研讨会（包括战略洞察会和战略制定会）而言，其输出的是横向对齐、达成共识的战略思想和观点，相较战略设计的最终成果，还犹如璞玉，需要借助战略设计工具进行结构化总结和精心雕琢。其中，由业务部门参与甚至主导制定的业务战略，还需要战略职能部门进行培训赋能、跟进指导和评审定稿。

第三节
战略解码

"战略不执行，最后等于零"。很多企业虽然战略规划做得很成功，管理层热烈地研讨，在集体共创基础上达成了共识，但规划完成后，一切又恢复原态，只埋头于眼前，围绕短期的业绩增长目标制定打法、配置资源，进行考核和激励，战略被抛到九霄云外，最后只是沦落成了口号，出现以上问题的根本原因是缺失将战略规划和战略执行连接起来的桥梁——战略解码。

战略解码就是将企业3到5年的战略规划分解为整个组织各个部门和全体员工可理解、愿执行、可管理的目标和行为计划的过程。在此过程中，各部门、各层级实现了基于战略目标和举措的横向拉通、纵向对齐。

好的战略规划犹如望远镜，让行者可以看到目的地和行进的方向，但却无法指导如何具体行动，所以需要进一步规划最佳路线，制定攻克关隘天险的策略，明确各阶段的行程和落脚点，并层层落实角色和分工。

战略要落地可执行，在形式上要完成三次解码（如图9-1所示）。

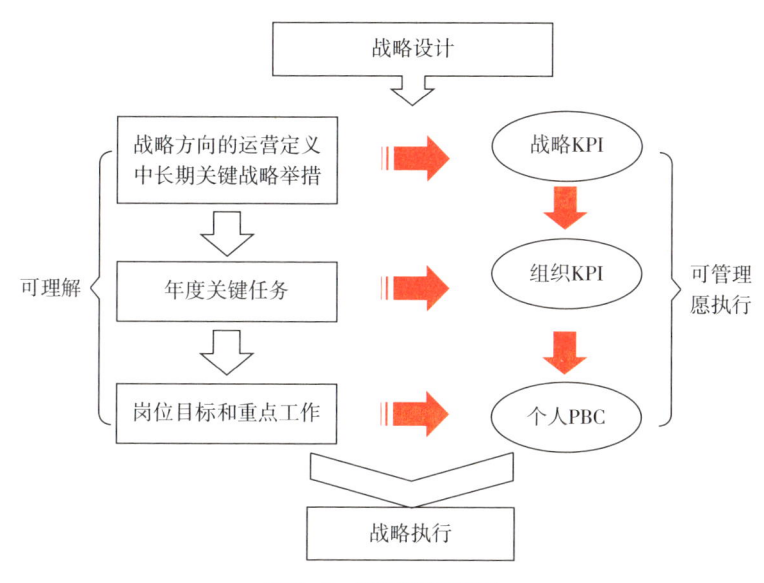

图9-1 战略解码系统图

第一次解码重点解决的是让企业高层就战略是什么以及如何保证战略成功统一认识，具体就是要让公司高层清楚知道战略方向的运营意义和战略成功的关键要素（形成中长期关键战略举措），并形成衡量战略成功的指标。

第二次解码重点解决的是让企业中高层清楚，做好哪些年度关键任务可以保证战略和年度目标的实现，具体就是需要将中长期关键战略举措进一步细化为短期即可着手的年度关键任务，并形成组织KPI。

第三次解码重点解决的是通过将个人目标、绩效同组织绩效紧密捆绑，来保证战略由上而下的分解和由下而上的承接，具体就是将年度目标和关键任务分解为各岗位、个人的目标和重点工作，并形成个人PBC。[1]

---

[1] Personal Business Commitment，个人业务承诺，是起源于IBM，用于个人绩效管理的工具。

第一次解码

战略的第一次解码，从本质上说，就是将静态的战略意图和设计转化为动态的公司层整体规划部署和行动的过程，打个比方，如果说"用五年的时间解放全中国"是战略规划，那么"辽沈、平津、淮海"三大战役的部署就是战略的第一次解码。第一次解码具体可以包括两个步骤。

第一步：描述战略方向的运营定义。

战略方向就是针对为实现中长期战略目标而采取的一系列重大行动举措做的方向指引，为了便于传播和沟通，一般可以用含义明确的短语来表示，也称之为战略主题，它往往概括了战略的最大特征。

战略方向的运营定义，就是为了避免理解偏差，而对战略方向的范围和内涵做出的准确定义，承载着将战略思考转化为行动的使命。需要注意的是，在实际操作中，往往不是先有方向后有定义，而是先有对战略的具体描述，然后提炼、归纳、包装，是一个先实后虚的过程。

运营定义可从BLM的差距分析、战略意图、创新焦点和业务设计中进行提取、归纳（如表9-1所示）。

运营定义的描述要遵循"MECE"原则，[①]要做到战略描述包括所有对战略目标实现最关键的举措而没有重大遗漏，而且各项内容要处于同一个层次，彼此不重叠、不包含。

[①] MECE 是"Mutually Exclusive, Collectively Exhaustive"的缩写，意思是"相互独立，完全穷尽"。相互独立：每一个部分或选项之间互不重叠，没有重复。这样可以避免分析时的混乱和重复，确保逻辑清晰。完全穷尽：所有可能的情况或选项都被考虑进去了，不遗漏任何关键点。这样可以确保分析全面，避免遗漏重要信息。

表9-1　IBM示例：战略方向及其运营定义

战略方向	战略运营定义
向高价值业务转移	把业务从组件业务，向基础设施业务，再向商业价值业务转移
	实施积极的并购策略
	将IBM的研发融入业务中
投资于高成长区域	加大新兴市场投入
	关注中小企业市场
	投资开发新的解决方案
转变运营模式	整合非市场职能，优化关键的流程，实施资源的全球管理，成为全球整合企业
	降低决策重心
	为客户创造更大价值
共享的价值观和绩效管理	在全企业融入IBM的价值观
	培养多元化的员工和领导者，成为全球化员工
	稳步推进每股赢利路线图

第二步：导出中长期关键战略举措，提取衡量战略成功的指标。

在明确战略方向后，接下来就需要制定中长期关键战略举措，并通过识别关键成功要素的驱动因素来提取战略衡量指标，用于战略执行的评价和管理。

中长期关键战略举措是实现企业战略目标和高质量、可持续增长的发力点，反映了企业建立核心竞争优势的关键成功要素，在战略规划和年度关键任务之间扮演承上启下的角色。

提炼中长期关键战略举措，并通过识别关键成功要素的驱动因素来制定战略衡量指标，这需要借助战略图谱中的战略执行类工具。目前使用最广泛、认可度最高的就是卡普兰和诺顿的"战略地图+平衡计分卡"

组合，其倡导的平衡逻辑是："企业利用学习与成长层的人力、组织和信息资本等无形资产，在内部运营层形成关键流程的系统优势，使得在客户层为目标客户创造差异化的价值，进而在财务层实现持续的成功"。

战略地图就是通过在学习与成长、内部运营、客户和财务四个层面的目标之间建立起来层层递进的因果关系，来支撑战略目标的实现。战略地图的突出价值在于，一方面使得战略成功的关键抓手和各职能在战略中的定位，通过一张图一览无余，从而帮助各部门从全局的角度来解读战略，推动了跨部门的横向拉通和协同；另一方面，战略地图虽然是对既定战略的描述而非战略制定工具，但确实又在描述过程中通过对四个层面基于因果关系进行集成，保证了关键成功要素之间的均衡，完成了对战略的"二次创造"（如图9-2所示）。

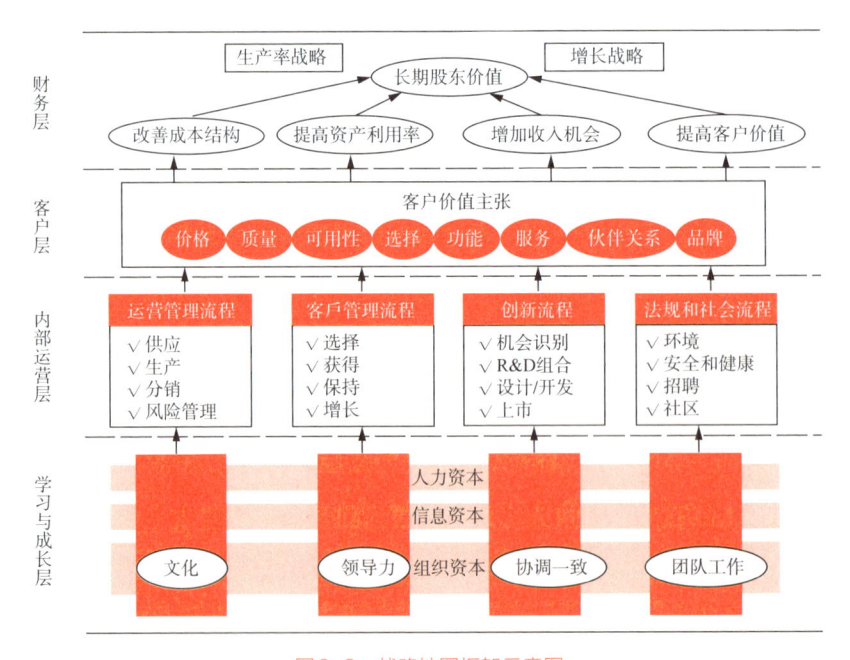

图9-2 战略地图框架示意图

平衡计分卡则是负责对应衡量财务、客户、内部运营和学习与成长四个层面，找到关键成功要素的关键驱动因素，对驱动因素进行量化，提取备选指标，并按照战略相关性、可测量性、可控制性，可激发性的原则进行筛选，综合平衡后，最终形成战略KPI，用于衡量战略是否成功执行。在滚动修订战略机制下，战略KPI也会随着战略调整，进行动态刷新（如图9-3所示）。

战略地图		平衡计分卡	
战略主题：快速地面周转	目标	指标	目标值
增加利润 收入增长　减少飞机	营利性 收入增长 减少飞机	• 毛利 • 座位收入 • 飞机租赁成本	• 年均增长30% • 年均增长20% • 年均减少5%
吸引和保持更多的客户 服务准时　最低票价	吸引和保持更多客户 航班准时 最低票价	• 客户复购率 • 准时到达率 • 客户排序评价	• 70% • 每年提高12% • 第一名 • 第二名
快速地面周转 战略工作舷梯管理 战略系统员工安排 地面员工协调一致	快速地面周转	• 降落时间 • 准时飞起率	• 30分钟 • 90%
	开发必要技能 开发支持系统 地面员工与战略协调性	• 战略工作准备度 • 信息系统可用性 • 战略意识 • 地面员工持股比例	• 第一年70% • 第三年90% • 第五年100% • 100% • 100% • 100%

图9-3　从战略地图到平衡计分卡示意图——某航空公司案例

● ● ● **战略工具深度分析：从平衡计分卡到战略地图**

1992年初，罗伯特·卡普兰和大卫·诺顿在《哈佛商业评论》1/2月号上发表了他们第一篇有关"平衡计分卡"管理体系的文章《平衡计分卡——良好绩效的测评体系》，据此，被《哈佛商业评论》称为"75年来最伟大的管理工具"的平衡计分卡横空出世。

"平衡计分卡"针对传统公司绩效测评单一依赖财务指标，只能反映滞后、短期财务业绩，无法全面、真实反映公司绩效，甚至误导企业采取牺牲长远利益的短期行为的问题，卡普兰教授和诺顿博士在对美国12家业绩衡量领先企业（包括通用电气、杜邦、惠普、苹果、美国标准石油、加拿大壳牌、南方贝尔、AMD、EDS等）进行了为期一年的研究后，提出了"以存在有关键驱动关系的多维度指标，全面衡量公司绩效"的理念：通过明确财务业绩的关键驱动因素，从中提取过程、领先指标作为财务指标的补充，以多维度衡量公司绩效，并且确定了四个具有关键驱动关系的维度：财务维度、客户维度、内部运营维度和学习与成长维度。由于平衡计分卡提出了要实现"滞后指标和领先指标、长期指标和短期指标、财务指标和非财务指标、内部指标和外部指标"的平衡理念，因此一经问世就引起了理论界和企业界的广泛关注和浓厚兴趣。

但是，平衡计分卡推出之初，主要还停留在静态的理念层面，而对于如何确定互相驱动的关键维度和因素，以及如何筛选和归类关键绩效指标则很少涉及。客观地说，平衡计分卡系统性和可操作性的缺失，一定程度上导致了部分"粉丝"企业甚至管理咨询公司理解上的偏差和使用上的混乱。卡普兰曾就《平衡计分卡——良好绩效的测评体系》一文有过这样的评价："虽然无意收回，但是我们的想法却发生了改变——当时对战略问题考虑不足。"

平衡计分卡发展到战略地图阶段的最重要标志就是包括独特的客户价值定位和运营组合的企业战略被描述为平衡计分卡的"灵魂"，根据战略地图提取的平衡计分卡衡量指标体系要能够反映出企业的独特战略并测评战略执行状况。"使命、愿景、战略及其目标—战略主题—因果关系论证—战略地图—平衡计分卡（各维度目标—指标—指标值）—行动方案"这一技术路径的明确，从根本上解决了关键驱动维度和因素确定以及平衡计分卡衡量指标的筛选和归类问题。此外，战略地图实现了战略的"可视化"，有利于跨部门、跨层级的战略沟通。在这一阶段，平衡计分卡管理体系有效吸纳了以迈克尔.波特为代表的战略定位学派的思想：强调通过客户价值分析、内部能力、资源和外部环境分析（包括和竞争对手优劣势对比），来向客户提供差异化价值组合，实施战略定位；同时依据战略定位在各项运营活动之间建立一种配称，从而建立一个环环相扣、紧密连接的链，将模仿者拒之门外，使其很难复制。

从卡普兰和诺顿最早提出平衡计分卡，虽然距今已经三十多年，但和那些昙花一现的先进管理创新和理念相比，战略地图+平衡计分卡展现出了持久的生命力。而从平衡计分卡到战略地图的演变过程，也揭示出其成功的奥秘："针对问题，与时俱进；兼容并蓄，海纳百川"。

第二次解码

战略的第二次解码就是基于公司中长期的关键战略举措和战略KPI，制定年度关键任务、行动方案，形成组织KPI的过程。

一、年度关键任务和行动方案的制定

战略上讲"想十年，看三年，干一年"，就是指要将三年的战略规划最后拉近落实到一年的关键任务和行动方案中，从而真正实现战略"思、知、行"的三者合一。因此，年度关键任务和行动方案的制定也就成为战略解码的核心和关键。

具体来说，年度关键任务就是企业为了保证战略举措的实施以及年度业务目标实现，而优先要完成的任务。年度关键任务因对年度战略举措的落地及年度业务目标的实现具有强支撑的因果关系，又被称为必赢之战。必赢之战和行动方案的制定具体如下。

第一步，找出必须打赢的重要战斗。必赢之战，就是未来一年集全企业之力必须做成的最重要的、只能赢不能输的几件事，因此往往具有以下几个特征。

1. 战略导向。关键任务承接战略举措在第一年的行动方案和目标，而从战略举措导出行动方案的基本方法，是通过识别关键成功要素组成部分存在的差距和问题，找出关键瓶颈、短板和堵点，制定改进措

施来重点突破。

2. 全局性。年度关键任务是公司级的，往往是跨职能、部门，需要高层领导牵头领导和协调。

3. 少而精。必赢之战是保证年度业务目标实现，保增长、增能力、补短板的关键少数明确而又有难度的"事情"，只有坚持少而精的原则，才能集中资源、饱和攻击，否则效果就会大打折扣，其中不具备二八杠杆效应，仅限于尝试，现在可打可不打的，不应该算作必赢之战。

确定必赢之战，既需要战略的高度，还需要深入系统地理解业务，能够洞察业务增长的底层逻辑，善于找到业务制胜点以及管理和能力提升的突破口，所以通常需要战略职能人员组织高层召开解码会，群策群力，发挥集体的智慧，针对不同观点，正反论证，而判断必赢之战的最好标准就是让与会人员认真回答，"如果必赢之战能够实现，是否有把握达成明年的经营增长和战略目标"，对于明确下来的必赢之战，需要一名能够把难事搞定的领军人物，担纲总负责，并给予资源倾斜支持，同时借助关键任务责任矩阵来明确其他配合、协调的高管和部门。

第二步，对确定下来的必赢之战，要澄清成功的样子和衡量标准，深挖难点和突破点，并夯实行动方案。

1. 要说得清。很多企业因为前期对必赢之战的内涵、边界和意义定义不清，而导致后期在执行过程中因为理解不一致，而形成扯皮、资源投入不足、跨职能协调不统一等问题，所以首先要把必赢之战说得清，这其中主要包括三点：

（1）说清楚战斗的内涵是什么，不是什么；

（2）说清楚战斗对于落实战略部署，建立战略优势以及实现业务目标的价值和意义是什么；

（3）说清楚战斗成功以后的样子是什么，并提取关键绩效衡量指标，经筛选后形成组织级 KPI，和绩效考核衔接，将激情和承诺转化为可以管理的责任。

2. 要挖得深。很多企业对必赢之战的探讨只停留在拍胸脯、喊口号层面，而对打赢战斗的天险、硬骨头等挑战和困难不去深挖、熟视无睹，导致战斗打响后久攻不下、忙而无效甚至功败垂成，所以在清晰定义战斗后，就需要深入思考困难点，如若找不到，要么说明想得不深，要么就是必赢之战找得不对。就困难点达成共识后，下一步就是要想办法找突破口，如用什么方法和手段、装备和资源，由谁去做。突破口如同打蛇的七寸，突破口找准了，投入资源饱和攻击，行动上稳、准、狠，其他问题往往也会迎刃而解，进攻也可以势如破竹。

3. 要夯得实。依据以上策略，关键任务需要细化为关键行动并匹配相应资源、明确责任人、关键里程碑和完成时限，列表汇总，以便于跟进反馈和执行评价。需要注意的是，和前期相对宏观的会议相比，在细化行动方案的战略解码会上，往往会发生更激烈的观点冲突以及更激烈的"吐槽"，这是因为相较中长期战略举措乃至年度必赢之战，行动方案的分解已经具体到参会人员的日常工作中，利益也更加休戚相关，因此不合理的政策、流程和协作问题，就会充分暴露出来。对此，战略和经营管理部门不应该避重就轻，视而不见，草草了之，而是将其视为发现组织问题，以及提前发现战略执行中的障碍，并及时解决的千载难逢的机会。

二、组织KPI的设定

战略KPI的作用在于衡量战略执行是否成功，并不直接用于组织绩效的管理，而实际用于企业年度经营管理和组织绩效考核的是组织KPI，包括年度公司级KPI和部门级KPI。其中，尤以公司级KPI最为关键，它的核心用途有两个：一是作为公司年度经营管理的仪表盘，来衡量和评价年度公司绩效的完成状况。而公司绩效要同时兼顾全面性和关键性，"全面性"就是既要体现当期的财务、市场业绩表现，同时还要反映技术和产品开发，组织能力和人才队伍建设等影响长期绩效的关键因素的表现；而"关键性"是指要把公司绩效的关注点聚焦在关键少数指标上，真正发挥关键绩效指标对经营管理监控和改善的杠杆作用，不要名为关键绩效指标（KPI），但因关注点过多而实际沦落为绩效指标（PI）。二是向下分解，作为业务单元、中后台支持和职能部门KPI的主要来源。

以下具体来看组织KPI的设计。

1. 年度公司级KPI设计

战略KPI是年度组织KPI的主要来源，但从战略KPI到年度公司KPI，还需要进行筛选和指标补充，一般要综合考虑公司管理发展阶段和精细化水平，以及年度策略重点等因素。

管理发展阶段和精细化水平：由于公司所处的生命周期阶段不同（尤其是创业和快速发展早期阶段）以及管理基础薄弱，导致某些指标的数据没有沉淀和积累，难以基于准确的基准数据制定目标值；或者指标数据获取的成本过高（相比成效性价比低），这一类的指标可以暂时剔除或者作为管理观察类指标，不用于考核。

年度策略重点：每年根据业务发展阶段和特点，以及内部组织能力建设的主要矛盾、突出问题和瓶颈，公司都有不同的战略着力点、业务策略以及组织建设和管理上的重点。

经过战略KPI筛选和补充后的年度公司KPI，最后还要从平衡性以及指标数量上把一道关。

平衡性：年度公司KPI应该涉及前中后台，覆盖平衡计分卡财务、客户、内部运营和学习与成长的四个维度，平衡业务增长和能力建设目标。

指标数量：年度公司KPI控制在15个之内为宜，企业规模越小，原则上数量应该越少，以避免因KPI过多，带来过多的管理和维护成本。

最后确定下来的年度公司KPI，公司经管部门还需要对指标的计算公式、专业用词的内涵做出严格和精确定义，并明确数量来源部门（甚至要包括验证部门）和收集周期（有些指标取数周期可以是月度，有些如客户满意度，人才建设等关键指标需要年度）。此外，需要指出的是，组织KPI并不是固定不变的，外部环境变化带来的战略迭代和战略KPI调整，以及年度策略重点的不同，使得组织KPI每年都要进行刷新，做出调整。

2. 部门级KPI体系设计

这里的部门是指各前台业务部门和承担专业支持、服务和管理的中后台部门，既包括有经营自主权的利润中心，也包括收入、成本和费用等各不同责任中心。

年度公司KPI是各部门年度KPI的主要来源。各业务和职能部门基于自身的职能和责任定位，遵循"纵向战略承接，横向组织协同"的原则，来分解公司KPI，主要工具可以采用KPI指标责任分解矩阵（如表9-2所示）。

表9-2　KPI指标责任分解矩阵

公司级KPI名称 \ 各部门责任分解	研发部	供应链管理部	营销部	售后服务部	财务部	人力资源部	经营管理部	……
财务								
客户								
内部运营								
学习与成长								

KPI纵向分解。

（1）**细化分解**。各部门在承接公司KPI时，除了少数指标如净利润、人均产出、核心员工离职率等直接承接，大多数指标都需要基于本部门职责进一步细化为二、三级指标。

（2）**遵循相关性原则，而不能为平衡而平衡**。影响指标由上而下分解的主要是部门的使命和定位，不同的职责和责任中心承接的指标内容和程度不同，而不能呆板地使用平衡计分卡，所有部门都不分青红皂白地从四个维度分解和建立组织绩效指标。

KPI横向协同。

在从公司级KPI到部门级KPI分解过程中，重点要处理好一个貌似矛盾冲突的原则：既要体现专业分工、职责清晰，又要满足协同配合、成果共担。如果只注重分工和责任清晰，在具体战略执行中就会出现大家"各扫门前雪"，只对眼前内部过程，而不对最终外部结果负责的问题，尤其对一线作战部队来说，往往就得不到有力的炮火支持；而如果过于强调责任互锁，结果同挂，则会出现考核资源不聚焦，关注点太多，什么都抓，但什么都抓不好的问题。在具体操作中，可以结合以下三种方式，来应对以上问题。

（1）**借助流程—职责方法**。基于核心端到端流程为导向，建立起职责的流程成果责任，具体来说，就是部门不仅要承担起基于职责的KPI，更要承担职责所处流程最终的流程结果KPI。

（2）**组织公司KPI分解研讨会**。组织由各部门负责人参与的公司KPI分解研讨会，就各部门如何承接公司KPI，谁主导，谁分担，谁配合，谁相关，进行充分的互动，最终达成共识。事实证明，一次深度碰撞的公司KPI分解会，是一次难得的组织建设机会，有利于澄清在实现公司整体目标时，各部门之间的协同责任。这对于那些没有实现流程驱动甚至还没有建立起规范化流程管理体系的企业来说，价值更为突出。

（3）**控制指标数量**。利用指标分解矩阵，将年度公司KPI依据相关性和协同性，横向对应分解到各部门后，可以纵向对应部门进行指标汇总和"瘦身"，原则上各部门的KPI，以不超过5个为宜，数量过多则基于重要性和相关性排序后删减，以保证聚焦，关注关键少数。

在完成由年度公司KPI到部门KPI的分解后，需要由各部门负责完成部门KPI的初步规范化工作，包括指标的定义、计算公式、数据来源和周期，最后由经管部门审定归口。

3. 年度组织KPI权重和目标值的设定

通过组织KPI的设计，定义了公司和各业务、职能部门考核的内容和结构后，接下来需要确定各KPI的权重和目标值。通常我们认为组织KPI本身指导了被考核组织成员的行为，但事实上他们更关注的是组织KPI的权重和目标值。

被考核组织的成员会将关注点和资源优先配置到权重更高的KPI项中，尤其是在KPI数量少、权重差距大时；通常是目标值而非指标本身，会给被考核组织的成员带来压力，尤其是目标值被认为通过全力以赴的拼搏能够实现时，而遥不可及或唾手可得的目标值对被考核组织成员的引导作用则会被大大削弱。

目标值不准确，尤其是企业销售额、利润等核心目标值会牵一发而动全身，其与实际差距过大，将导致年度经营计划和预算，以及组织考核和激励等各企业绩效管理相关模块工作低效。正因为KPI的权重和目标值和被考核对象利益紧密相关，而真正发挥了指挥棒和加速器的作用。所以正确制定KPI的权重和目标值，就变得尤为重要和关键。

组织KPI权重制定的一般原则：

1. 一般以5%为单位，单项KPI的权重原则上不能低于5%；
2. 越是体现战略、反应年度重点工作的KPI，权重越高，反之越低；

3. 越是可以主导、可控，直接相关的KPI，权重越高，反之越低；

4. 越是综合、反应最后结果的KPI，权重越高。

目标值的设定可以采用四比较的方法，即和去年自己的增速比，和内部其他业务比，和行业预期平均增速比，以及和竞争对手的增速比。

因为关键业务目标值的准确性尤为重要，所以为规避目标设置过高或过低的风险，一般建议设定挑战（最高）、达标和底线（最低）三档目标值。其中，挑战值一般为达标值的120%，底线值为80%，一般对应赋分方式是超过挑战值，按照120分算；低于底线值，则按照0分算。

4. 业务生命周期与组织KPI设计、目标值和权重设定

生命周期是影响不同业务组织KPI设计，以及权重和目标值设定的关键因素。一般来说，对于处于孵化期的业务，不建议采用利润和销售收入指标（或是设置较低权重和目标值），而是以标志业务（商业，产品，技术和单店）模型成功的阶段性关键事件、里程碑为KPI。

而快速成长业务较成熟类业务而言，标志市场快速扩张的销售收入、市场开拓和占有类指标，应该占有更高的权重，增长的目标值同比也应该有更高的增速；而利润类指标所占权重，以及对利润率目标值的增速要求则应该低于成熟业务。

第三次解码

如果说第一、二次解码解决的是做正确的事，是公司全局和部门的

组织视角，属于组织绩效的范畴，那第三次解码解决的就是把正确的事分解到每个关键岗位和人，并和个人利益挂钩，是岗位视角，属于个人绩效的范畴。所以，第三次解码的核心关键在于把战略和组织绩效分解到人的同时，实现个人目标和组织目标的协同、统一。

> **深度分析：辨识组织绩效和个人绩效**
>
> 绩效管理是保证企业目标实现的核心执行管理体系，包括组织绩效和个人绩效两个部分，其中组织绩效是管事的，主要表现为对公司绩效、部门绩效、流程绩效和团队绩效的量化考核管理，通常由企业经管部门负责，它通过将企业发展策略、组织协同和专业履职贯彻到底，来保证企业整体目标的实现。
>
> 个人绩效是管人的，由人力资源部门负责，它将企业追求（实现绩效创造价值）和个人追求（价值回报）连接起来，其方式既包括定量的考核也包括定性的评价。由此，通过从组织绩效到个人绩效的串联，把企业发展策略和组织意图贯彻为个人行为。
>
> 很多企业不重视组织绩效工作，甚至将组织绩效和个人绩效混为一谈，就出现人力资源实质上既负责组织绩效又负责个人绩效的现象，表现为人力资源负责制定公司KPI，收集经营数据甚至跟进年度重点工作的执行结果，外行评价内行的结果可想而知，基于此得出的价值评价和分配，既无法公平也不能高效，企

> 业也因此失去整体绩效管理的抓手。
>
> 　　企业规模小，不需要专业上的精深分工，组织协同需求不强烈的时候，组织绩效等同于个人绩效的问题不突出，而随着企业规模变大，公司绩效等同于个人绩效的捆绑加总，则会弱化组织作用，严重制约企业整体绩效目标的实现。

一、把战略和组织目标分解到岗位和个人

　　战略要由思想和策略转化为行动和结果，就要分解到各关键岗位和个人，作为考核的依据。

　　战略在经过第一、二次解码后，已经转化为年度组织目标（组织KPI）—关键任务（包括行动方案）的组织绩效结构，其中作为必赢之战的关键任务是支撑年度目标实现的重要措施和手段。

　　战略和组织目标要由组织绩效转化为个人绩效，需要各层级岗位依据纵向组织职责和横向流程角色，对上级的目标—策略结构进行由上而下分解，由下而上支撑，而需要特别指出的是，这不应该是简单按照区域、产品、人数或者流程逻辑，由上而下，把大目标分成小目标，大任务分成小任务的物理机械过程，而是上下级一起找出业务难点和突破口，并就实现路径和行动计划达成共识，既有物理分解更有化学反应的过程。在这一过程中，要事、压力和动力被层层传递，战略解码真正成为层层套牢、层层解套的过程。

二、管理者的角色至关重要

第三次解码要将战略和组织目标分解到各岗位和个人，进而实现公司、部门和岗位目标环环相扣，组织和个人目标协同一致、力出一孔，而这其中，各级部门（团队）负责人扮演至关重要的角色。

首先，部门（团队）负责人作为部门（团队）组织绩效的第一责任人，个人考核和利益要和组织整体绩效的完成深度捆绑。他们不仅是冲锋陷阵的能手，更是领导团队攻城略地的主帅，要善于通过部门（团队）组织能力建设和人员管理，来实现组织绩效目标。

其次，部门（团队）负责人要善于从"是什么（What）？为什么（Why）？怎么做（How）？"三个方面，和下属进行沟通，以明确下属的个人绩效目标，扣动员工心灵扳机，赋能支持成长，从而保证组织和个人目标的实现。

是什么（What）：在制定个人绩效目标中，上级要和下属一起，上下对齐，澄清和明确个人绩效目标，保证个人绩效目标和组织目标的协调一致。而在这一过程中，需要遵循"承接组织目标，体现价值和关键成果，结果和过程举措平衡"这三个原则。

1. 承接组织目标：个人绩效目标既要体现本岗位（以及所处流程）关键职责的履职成果贡献，更要体现对上的组织目标成果贡献。

2. 体现价值和关键成果：个人目标应体现价值和关键成果导向，包括为公司创造的效益，提升的效率，为内外部客户创造的价值，而切不可让"把煤洗白"这类不体现价值的"自嗨"工作，"茶壶里的饺子"这类不反映成果的内容作为绩效。

3. 结果和过程举措平衡：个人绩效目标，在形式上既应该包括关键结果（用组织和岗位KPI衡量），也要包括支撑结果贡献的关键举措、任务和重点工作，而且即使针对过程性的后者，也要尽可能量化、体现价值性，由此通过兼顾组织目标和个人努力、静态结果和动态手段，来全面跟进管理和衡量个人价值贡献。

为什么（Why）：在个人绩效目标管理下，上级要善于通过激发下属物质激励外的深层内在因素挖掘内驱力，来实现员工对目标的自我驱动、自我管理，这其中的主要方式包括强化目标和工作的意义和成就感，挖掘目标实现的成长价值等。

1. 强化目标和工作的意义以及成就感。德鲁克认为"管理的挑战在于如何发挥知识工作者的创造力。知识工作者虽然是领薪水的，但不能把他们当作雇员，而要把他们当作义工来管理"，任正非也认为"要相信人内心深处有比钱更高的目标和追求，愿景、价值观、成就感能更好地激发人"，而面对成长于衣食无忧环境的新一代员工，各级管理者尤其要深信工作意义的内驱价值，要善于通过引导下属理解公司的战略、使命、愿景，明确个人目标和工作的使命、意义、战略关系和价值贡献，来激发员工的成就感和持续、深入做出高品质工作的热情，而避免员工陷入"厌倦性的机械式劳动"。

2. 挖掘目标实现的成长价值。企业战略和组织目标的实现，归根结底来自组织和员工的成长。而员工成长不仅是组织目标实现的依托所在，也是员工安身立命的需求所在，所以"成长"构成组织和个人目标的最大公约数。因此赋予工作以成长的意义，挖掘目标实现的成长价值，扣动员工成长的欲望扳机，将绩效目标的实现和个人成长紧密结合在一起，从而推动实现组织和员工的共同成长，应是各级管理者的使命和担当。

怎么做（How）。在增量市场时代的粗放式管理模式下，"只要结果不关注过程"曾经一度大行其道，但在外部强竞争、内部精细化管理的时代，过程管理往往成为决胜环节。因此在解码中，上级需要熟悉了解下属的业务和存在的问题，帮助下属理清业务思路，在鼓励独立思考的同时，引导和启发下属，针对差距制定出切实有效的行动策略和解决方法，并在执行中持续陪跑，帮助下属达成个人目标，赋能下属在目标实现过程中持续成长。

> ●●● **战略工具深度分析：实现组织和个人目标协同的优选工具——PBC**
>
> 作为战略和核心价值观有力的执行工具，PBC（Personal Business Commitments，个人业务承诺）因为帮助IBM走出绝境、成功转型，并被华为引进采用至今，而名声大震，被视为实现组织和个人目标协同的优选工具。
>
> PBC之所以被视为优选工具，关键在于两点，一是PBC经过持续完善和发展，形成了"个人成长—个人执行举措—组织目标承接"的目标因果结构，保证了战略和组织目标的有效分解和执行；二是PBC诠释了德鲁克目标管理思想：鼓励在经理人赋能下，员工积极参与目标制定，并对目标达成做出承诺，自主

实施管理，进而实现组织和个人的共同成长。

PBC的内容和结构在IBM主要经历过两个阶段。

一是郭士纳阶段。为了保证战略和核心价值主张的彻底执行落实，PBC的内容被要求直接对应赢（Win）、执行（Execute）和团队（Team）三个部分。

在赢（Win）部分，要求就获胜的关键财务、市场和客户指标做量化陈述。

在执行（Execute）部分，要求写出为实现获胜目标而需要采取的具体执行措施，措施的描述要遵循smart原则，清晰、具体、可操作、可检查，要有量化的衡量指标和时间界限。

在团队（Team）部分，要求对团队之间的合作、支持和共赢做出承诺，具体要对相应的团队合作做出详细计划。

二是彭明盛阶段。PBC的内容结构由赢、执行和团队三个部分调整为业绩目标、业务计划和个人成长，并且对经理人增加了人员管理内容。其中，为了配合个人成长，配套了员工能力和技能发展体IDP（Individual Development Plan，个人成长计划）。PBC和IDP的逻辑关系是，员工有了目标承诺和计划举措，就需要相应的能力和技能去实现，这就要对员工的现状做出评估，并聚焦差距，制订相应的提升和学习计划，这个评估虽然一般是由员工自己完成的，但离不开经理和资深员工的辅导，这个计划不限于正式的学习培训，重点要包括工作中有目的的学习以及师带徒等方式。

经历郭士纳和彭明盛两个阶段的不断更新、完善，PBC的内容结构已经趋向稳定，表9-3是华为等企业采用的PBC成熟版本。

表9-3 成熟的PBC工具

一、业务目标
1. 关键结果性目标（Win）——个人承接的组织KPI 　　1.1　财务经营类指标 　　1.2　市场客户类指标 2. 个人关键举措目标（Execute）——为了支撑组织KPI，个人要承诺的关键任务，共6~8项 　　2.1　个人年度业务和市场目标 　　2.2　个人重点关注项目 　　2.3　个人年度管理改进目标（组织建设、流程梳理等）
二、人员管理目标（共3~4项）
根据各经理人下属团队和人员管理挑战设置，仅限于经理人填写
三、个人能力提升目标（共2~3项）
为完成以上业务及人员管理目标，根据个人能力和技能评估，针对短板设置的目标和计划，不是职业发展计划

PBC作为个人绩效管理工具，同样遵循"绩效目标制定—绩效辅导—绩效评估—绩效回顾和应用"的绩效管理循环，但与其他绩效管理方式不同的是，PBC更忠实地践行德鲁克人本主义的目标管理思想，鼓励员工自主制定目标，实施自主管理，实现组织和个人共同成长。为此，郭士纳就特别强调："绩效管理的根本目的是为了引导并激励员工贡献于组织的战略目标，同时实现组织和个人的共同成长，它不是绩效考核，而是一个管理过程。"因此，在绩效目标制定乃至实施过程中，**经理人关注员工**

成长，持续赋能、辅导和支持员工个人目标的实现，就成为成功实施PBC的关键。表9-4为经理人对下属进行PBC辅导时，应关注的重点和问题举例。

表9-4　经理人应关注的重点和问题举例

一、业务目标
重点关注： 1. 个人业务目标和组织目标是否相关联 2. 是否聚焦关键绩效，指标权重是否体现 3. 是否理清了业务思路，举措能否支撑目标的实现 问题举例： 1. 你今年的目标、工作重心、思路和去年有什么不同？主要基于什么考虑？ 2. 你认为哪些目标难度最大？你如何应对？关键举措有哪些？ 3. 目标成功会长成什么样子？如何来衡量？ 4. 针对某项措施，你具体打算怎么干？
二、员工管理目标
重点关注： 1. 组织和团队建设能否支撑中长期目标达成 问题举例： 1. 为了保证业务目标和个人关键举措的实施，应该采取哪些组织和能力建设举措？ 2. 上述措施具体怎么做？需要做出哪些改变？成功了是什么样子？你在人员选用育留中，遇到的最大挑战是什么？你打算如何应对？
三、个人成长目标
重点关注： 1. 下属是否找到阻碍履职、达成高绩效的能力短板 2. 采取的成长和学习计划是否现实可行、有效 问题举例： 1. 我观察到你是这样处理某项业务的，你认为是否正确有效，下一步需要做出哪些改进？ 2. 你在某些方面的短板对工作造成了哪些影响？曾经做过哪些尝试改变？需要什么样的帮助？在某些方面，你是否可以尝试下这样的做法？

面对90后、00后新一代员工，他们不仅关注物质的激励，更关注个人成长、团队氛围、工作的意义和趣味，这无疑对我们现实的管理尤其是个人绩效管理提出了进一步的挑战。而原汁原味的经典PBC模式，因突出人本管理，强调组织和个人的共同成长，反而顺乎形势，更切合中国企业管理的现实需求，因为它在满足战略和组织目标解码需求的同时，能够帮助推动组织和个人的目标协同和共同成长。

第四节
战略执行的监控、根因分析和闭环管理

对战略执行进行管理,包括对执行的监控和质询、业绩差距的根因分析,以及针对战略管理和战略规划进行复盘的闭环管理,是保证战略执行持续到位的关键。其中,各组成部分发挥如下作用。

"监控和质询"的目的在于及时发现执行偏差,帮助扫清执行过程中的障碍,保证年度重点工作和计划的执行到位。

"根因分析"则是从关键任务、正式组织、人员和氛围四个维度来深挖业绩差距的根因,采取应对措施,以保证战略举措和年度业务目标的实现。

"战略规划复盘"是回溯战略假设,对实践检验证明存在偏差的假设进行调整,并及时应对外部环境的变化,从而保证战略方向和策略的正确,以及与时俱进。

"战略管理复盘"则是为了检讨这一轮战略管理流程、方法和方式中存在的问题和不足,以在下一轮战略管理中修正完善,从而持续优化,真正推动企业实现向战略驱动增长模式的转型。

深度分析：复盘

复盘是颇具东方文化韵味的管理创新（是中国企业为世界管理做的贡献），意指通过回顾过去的"走法"，总结成功经验、失败教训，更重要的是找到"赢"的办法。

这其中既可以包含"事"的复盘，即更好的走法、更好的策略和方法，也可以包含"人"的复盘，即更好的心态、行为和习惯。可见，与"差距分析"相比较，复盘的内涵更丰富，在具体操作中，差距分析可以作为复盘的一种更量化的手段。

"复盘"应当贯穿于战略执行管理的始终，但在战略执行管理推进的不同发展阶段，复盘的关注点和方式不同。对战略执行初期的复盘，属于现象级复盘，包括成功经验总结，个人观念、心态和行为的检讨；而随着战略执行的深入，尤其是执行偏差反复出现时，则需要根因级的复盘，包括对重大决策假设条件和策略、机制和流程、关键人员胜任力和领导力等的检讨；而一个战略执行周期结束，需要的是双循环级的复盘，即检讨战略管理本身的流程、方式和方法，找出战略执行根因的根因。

实践证明，建立起战略复盘机制的企业，将能够更快、更容易向战略驱动增长模式转型。而真正养成复盘习惯，形成复盘文化的企业，将形成降维打击优势，因为持续深入、注重实效的复盘，是形成学习型组织（员工快速成长），打造组织能力（沉淀最佳实践），乃至激发组织活力，卓有有效的方式和手段。

战略执行的监控和质询

实践证明，即使制定出了一个可执行的好战略，并通过战略解码将战略部署和打法分解到每一个岗位和个人身上，完成了横向对齐和纵向打通，也无法保证战略能够得到成功执行。这其中最直接的原因包括执行者的业务经验和专业技能不足，动力不足、职业倦怠等原因导致的工作缺乏积极性、主动性和创造性，以及弹药接济不上，资源供给不足，组织横向协同和沟通不畅等。

对于以上战略执行的绊脚石，企业战略和经管部门，需要利用WBS（Work Breakdown Structure，工作分解结构）管理日历跟进执行，借助战略绩效仪表盘及时发现执行偏差，以及通过"针对事"的经营分析会、"针对人"的质询会积极进行干预，从而保证战略按照既定的路线和进度得到执行。

1. 基于WBS的管理日历

年度重点工作即使明确了目标并进行了任务的分解，因为执行者经常会受到外部因素干扰，如果没有对工作进度和质量进行追踪检查，大概率会被忽视和拖延，无法顺利完成。所谓"没有周密的监督，即使完美的计划也得不到圆满的结果"。所以，年度重点工作需要按照项目管理的方式，制定WBS计划，利用办公软件乃至电子邮箱、OUTLOOK等的电子日历功能，形成管理日历来提醒、跟踪。这样，重点工作的各项关键活动都会呈现在相关执行者的个人电子日历上,"主帅"则会随时可以看到所负责重点工作的各项关键活动的"总日历",经营管理部门则可以将公司级所有的年度重点工作汇总为超级总日历,及时跟进、提醒。

2. 战略绩效仪表盘

战略绩效仪表盘,顾名思义,就像飞机仪表盘一样,帮助公司最高层和战略、经管部门,随时监测战略执行情况,以此一方面在指标出现异常时,进行预警与预测,并分析原因,制定改进措施,及时纠偏;另一方面根据仪表盘上战略绩效指标的完成情况,给予相应的激励和奖惩。

战略绩效仪表盘,一般对应平衡计分卡导出的战略KPI、年度公司KPI和部门KPI,其中量化指标的实际表现和分析,往往使用在定期(包括月度、季度、半年和年度)的经营分析会以及定期、不定期的各种质询会议中。

3. 经营分析会

经营分析会是由企业经管部门定期组织召开,针对战略和年度目标(关键绩效指标)、业务计划和预算,以及年度重点工作执行情况,进行通报、分析、奖惩,以寻找差距、解决问题,从而保证战略举措执行和年度目标实现的会议。

经营分析会是企业对经营目标实现实施干预的重要手段。虽然大多数企业都有类似的会议机制,但要么开成了流于形式的"信息同步会",要么开成了批评、指责,互相推诿扯皮的"内耗会",在一些企业，经营分析会甚至沦落为食之无味、弃之可惜的"鸡肋"会议。究其原因，主要存在以下四个方面的问题。

第一，会议目的不明确，议程不合理。经营分析会的目的就是立足解决影响战略和经营目标达成的问题，聚焦发现问题、分析问题，制定解决措施，跟进闭环执行。所有的议程都应该围绕以上目的展开，而不能在目的不明确的情况下，议程设置围绕着信息同步，面面俱到，形式大于实质。

第二，会前准备不充分。会议成功的一半来自会前准备，同样如此，不成功的经营分析会有一半原因来自不充分的会前准备。经营分析会的会前准备，重点要做好以五项工作：参会人员的甄选、由下而上的准备、经营分析报告的准备、必赢之战和重点工作的执行跟踪，以及会前会的准备。

1. 参会人员的甄选：为保证会议的高效，会议主参会人员（自始至终参与）和议程参会人员（阶段性参与）的甄选应该坚持"非相关不参加"的原则，尽可能减少陪会人员。主参会人员主要包括公司决策者、职业经营管理团队、财经职能参谋人员，议程参会人员则是和议程相关中层业务和职能执行人员。

2. 由下而上的准备：企业目标分解是由上而下，但经营数据和问题的汇总则是由下而上。经营分析会议机制是一个先下后上的经营分析会议体系，没有下一级经营分析会议的支撑，孤零零的一个高层经营分析会，不容易洞察经营数据和问题背后的根源，进而难以制定有效的解决措施，而且企业的规模越大，这个问题越突出。

3. 做好必赢之战和重点工作的执行跟踪：经管部门要跟踪每场战

役以及每项重点工作的进展，在日常跟踪和会议准备过程中，对于存疑的问题要及时和执行团队沟通，乃至深入一线和现场进行调研以了解更多的信息，分析现状和计划的差异及其原因。

4. **经营分析报告的准备**：经营分析报告是经营分析会的主汇报材料，可以包括主经营分析报告和专题经营分析报告。经营分析报告的质量直接影响经营分析会的决策质量，但却又是很多企业会议中存在的突出短板，其中主要问题包括：

（1）只能单一地从财务和预算完成的角度进行经营分析，缺乏将财务和业务融合在一起的一体化分析；

（2）只能通过指标完成情况进行简单的比较分析（实际完成值和目标比，实际完成值和去年同比），以及基于产品、客户、区域等维度的简单解构，进行表层分析，而缺乏基于行业本质洞察以及长期、短期增长逻辑和模型的深度增长动能剖析。

5. **会前会的准备**：很多企业的主参会人员在经营分析会上才开始阅读经营分析报告，了解指标完成情况，这样的经营分析会大多质量不高，因为寄希望在不提前做功课的情况下，通过一次经营分析会就完成从发现问题、展开研讨、达成共识、形成措施的全过程，是不现实的。所以，会前财经部门应组织由主参会人员参加的会前准备会，让主参会人员提前了解主要指标的完成情况，就存在的核心问题和解决思路进行小范围研讨，并就经营分析报告提出完善建议。如此，经营分析会就可以快速确认问题，形成决策，从而将重心放在推动落实和执行闭环上，会议因此也必然会变得高效。

第三，会议主持人不专业。经营分析会的主持人是经营分析会质量的第一责任人，主持人不知道如何为保证高质量的经营分析会履职是导致经营分析会低效的突出问题。经营分析会主持人承担整个会议从会前准备、会中主持到会后跟进闭环的全流程会议管理责任。

会前：明确会议目的和议程，甄选参会人员，组织准备经营分析报告，组织召开会前会等。

会中：保证会议目的和成果的达成，其中包括严格按照会议议程进度主持会议，维护好会场氛围，管理好会议纪律，而在会议中，主持人尤其要注意两点：

一是保证会议不跑题。在经营分析会中，经常会在问题分析中发现重大的经营和管理线索，需要系统分析，深入研讨，跨部门协调，这需要作为专题会议研讨。此时，主持人要迅速阻止话题展开，把该议题放到"停车场"，待会后组织专题会议解决。

二是聚焦解决问题，对事不对人。经营分析会的目的是聚焦差距，解决问题而不是评价人。所以，需要主持人始终坚持"对事不对人"的会议原则，鼓励大家集思广益，群策群力，聚焦解决问题。

会后：跟进会议的传达落实和决策的闭环管理。

第四，经营分析会形式一刀切，没有层次和侧重点差异。经营分析会通常可以分为月度经营分析会、季度经营分析会、半年度经营分析会和年度经营分析会，会议周期不同，会议的侧重点不同。一般来说，月度经营分析会侧重既定策略和打法的跟进执行；季度经营分析会侧重业绩差距的根因分析和调整；半年度经营分析会侧重对年度环境假设的检讨；年度经营分析会侧重下半年目标和重点工作的总结复盘以及新一年经营目标和重点工作的确定。

4. 质询会

战略执行和年度目标的达成需要对事、对人两手发力。如果说经营分析会聚焦问题和差距，解决事的问题；质询会则是聚焦中高层管理者过去的业绩、未来的目标和策略以及个人能力和成长，解决人的问题。质询会既可以包括定期组织的正式述职会，也可以包括临时组织的非正式的绩效述职会。一般来说，质询会的目的有两个。

1. 对述职者的绩效做出全面评价。质询会对于中高层是必须的，而不是可有可无的。因为中高层需要带过程的结果，否则没有韬略和思路的结果，偶然性强，组织对事不可控，对人的管理（能力评价，成长赋能）没有抓手。

2. 通过对过去业绩和未来目标和策略的质询，促使和赋能述职者提升绩效。很多企业的质询会开成了成绩报告会，原因是重心错误地放在了"述职者说，而非评委问"。剥离粉饰的业绩，犀利直插要害的问题是质询会成功的关键。好的质询会就是要"红红脸，出出汗"，要做成"麻辣烫"而不是"白开水"。述职者因述职而变，这正是质询会的目的。

业绩差距的根因分析

当战略执行持续保持相同的偏差，通过督促、辅能和协调难以消除偏差扭转局面时，企业需要对业绩差距存在的深层次原因进行刨根究底。需要指出的是，很多企业擅长通过强有力的督促工作，来及时扭转执行偏差，但是却往往对持续存在的偏差束手无策，这时候企业急需的是提升针对持续偏差产生根因的分析能力。

一般来说，常用的根因分析工具包括两类：一类是根因分析的方法类工具，代表性的如鱼骨图分析法和5WHY分析法；另一类是根因分析的内容类工具，代表性的如BCS（平衡计分卡）和BLM（业务领先模型），其中BLM的战略执行模块，适用于对企业由于执行问题产生的业绩差距进行根因分析。在实际操作中，方法类和内容类工具可以融合起来使用。

1. **鱼骨图分析法：** 又被称为"因果图"，是由日本管理大师石川馨所发展出来的。鱼骨图引导讨论人员将关注点放到引起问题的原因而非问题的表面现象和观点上。鱼骨图分析法可以首先借助"头脑风暴"找出导致问题的各种原因（或直接采用内容类工具在既定维度上溯源），然后通过归类分析各种原因之间的关系，以及进一步挖掘"原因"的原因，从中找出根本的原因（如图9-2所示）。

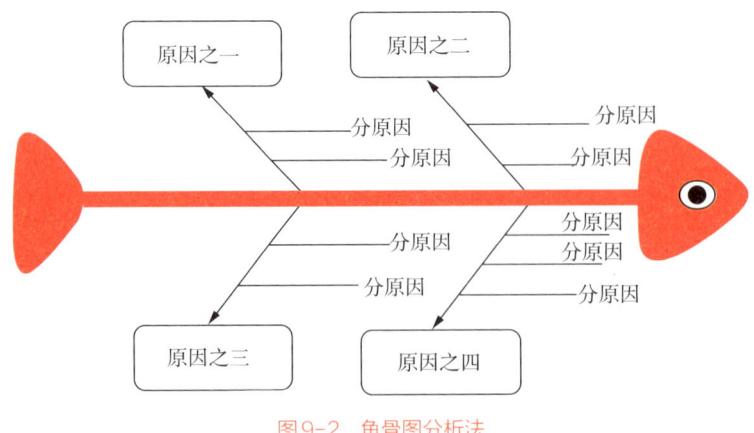

图9-2 鱼骨图分析法

2. 5WHY分析法：又被称为"5问法"，也就是对问题连问五个为什么，从结果入手，沿着"因果链"顺藤摸瓜，找到根因。最早由丰田佐吉提出，遂成为丰田精益管理体系中问题求解的关键技能，大野耐一对五问法的描述为：……丰田科学方法的基础……重复五次，问题的本质及其解决办法随即显而易见。5问法讲究的是"打破砂锅问到底"，因此就具体连问的次数，并不局限于5次，而是以能够找到一招制敌，预防问题反复出现，并便于执行的根因为准。

针对企业的业绩差距，BLM可以结合鱼骨图分析法和5WHY分析法，从战略执行的关键任务和关系、正式组织、人员和氛围四个关键成功维度，下沉探究差距产生的根本原因。

1. 从关键任务和关系维度，我们要深究必赢之战是否抓住了具有杠杆效应的关键少数举措？

2. 从正式组织维度，我们可以通过询问五个为什么，下沉到机制、流程、责任、考核和激励方面来深究业绩差距的组织和机制根因。

3. 从人员维度，我们可以从现有人员的胜任力，包括专业水平和领导、管理水平来探究业绩差距原因。

4. 从氛围维度，我们可以探究团队是否具有拼搏、工作激情和团队精神，并下沉到团队主要负责人的领导力风格层面来寻找原因。

战略的闭环管理

在战略即将开启下一轮管理周期之前，企业要对上一个周期的战略规划和战略管理进行复盘，以保证企业的战略工作处于真正的PDCA循环即持续优化状态之中。[①]

战略规划的复盘：企业要定期对战略规划内容本身进行复盘，以用作下一轮战略规划的输入，进行战略规划复盘可以借助BLM机会差距分析的方法论，从机会差距"着眼"，从战略制定的四大关键成功要素（市场洞察，战略意图，创新焦点和业务设计）"着手"，输出的结果既可以是经过实践，证明存在于战略假设以及目标、策略设定上的偏差，也可以是未洞察到或近来外部行业、竞争、市场需求新发生的变化。

首先，通过机会差距提出复盘命题，包括：

未看到的机会：哪些机会（市场、客户、产品）竞争对手看到了并把握住了，而我们没有看到？或者未来哪些机会，我们如果把握不住而竞争对手把握住了，会形成差距？

未把握住的机会：为什么有些机会（市场、客户、产品）我们看到了，而我们没有把握好，或者竞争对手做得比我们好？

其次，从市场洞察、战略意图、创新焦点和业务设计四个方面复盘分析，包括：

1. 具体没有洞察到哪些行业发展和市场变化趋势（机会点和风险点）？
2. 外部技术、客户需求和竞争格局等因素发生了哪些最新变化？
3. 对行业本质、关键成功要素和增长模型的理解是否有偏差？
4. 和竞争对手（包括组织能力和产品竞争力等）相比，我们的缺点

[①] PDCA 循环，即计划 Plan，执行 Do，核对 Check，调整 Act，又称戴明环，是一种持续改进的管理方法和质量控制工具，旨在帮助组织或个人在工作和项目中进行持续优化和改进。

和不足是什么？如何学？如何打？

5. 对企业自身能力和实力及优劣势的评估是否有偏差？

6. 对机会点和增长点的设定是否有偏差？

7. 企业使命、长期发展目标和战略定位是否有偏差？

8. 对孵化业务的选择、业务生命周期的设定是否有偏差？

9. 公司业务模式设计（包括目标市场和客户、价值主张和差异化价值点，运营和交付模式、供应链组织模式、战略控制点等）是否有偏差？

10. 公司长期战略举措及策略的设定是否有偏差？

战略管理的复盘：企业最后要对从战略制定、战略解码到战略执行管理和复盘的流程、方式和方法以及战略职能人员、企业最高领导人、职业经营管理团队三者角色定位和扮演进行全面复盘，即企业在以上几个方面存在哪些问题，在下一轮的战略管理中，要做出哪些改变。尤其是企业在向战略驱动增长模式转型的初期，因为过去成功经验的路径依赖以及习惯的固化等原因，无法"一次做好"，因此对战略管理的持续优化、精进，就显得尤为重要和关键。

一、流程、方式和方法复盘

1. 战略制定

（1）是否保证战略分析真正体现了"宏观顺势而为，中观洞察本质，微观了如指掌"的原则？

（2）是否保证对各种战略选择的可能性进行了充分的研讨？

（3）是否保证在战略方向和路线选择上，充分听取了不同意见，并对其观点和背后的假设进行了认真的论证？

（4）是否保证经营管理核心人员对战略方向、路线和重大战略决策达成了基本共识，对存在的分歧给予记录并在实践中跟进印证了？

（5）是否保证战略会议参会人员对战略规划的核心要旨和内涵充分吃透、理解了？

2. 战略解码

（1）是否保证公司和主要业务单元的年度重点工作真正体现了战略导向，而不是和战略要旨背离？

（2）是否保证预算等资源配置和战略保持一致，真正向战略重点倾斜？

（3）是否保证人力资源的关键工作衔接战略，为战略落地提供了成果贡献？

（4）是否保证战略目标（KPI）和举措实现了向下分解，向上支撑？

（5）是否保证绩效考核和激励体现了战略导向，保证了战略实现和利益深度捆绑挂钩？

3. 战略执行管理和复盘

（1）是否保证战略执行被监控，出现执行偏差被及时纠偏？

（2）是否保证定期对战略执行差距的根因进行深入剖析，并制定了有针对性的策略？

（3）是否保证对战略假设、目标和策略的偏差定期进行了回顾和纠正？

（4）是否保证战略规划能够及时反映外部变化，处于定期动态更新迭代的管理状态？

（5）是否保证战略管理流程和会议严格遵循管理日历，而不会被随意挤占挪用？

二、角色复盘

1. 战略职能人员的复盘

（1）是否保证战略工具背后的假设被充分理解，切合企业所处行业和实际？

（2）是否保证战略工具被经营管理层充分理解和消化吸收？

（3）是否保证战略管理流程，从战略制定、解码到执行管理和复盘，各环节按照管理日历，高效输出，紧密相扣？

（4）是否保证充分做好了各关键战略会议的会前准备？

（5）是否保证做好了战略会议的主持、控场和引导工作，实现了高质量的会议成果输出？

2. 企业最高领导人的复盘

（1）是否保证充分阐述了自己的战略意图、思想和观点及其出发点和假设，并被准确理解？

（2）是否保证战略研讨中真正倾听各种可能性，而不是一味思考如何影响他人或验证自己的判断？

（3）是否保证战略研讨中真正畅所欲言，充分发表不同于自己的观点和意见？

（4）是否保证表率地去贯彻、落实集体达成的战略共识？

（5）是否保证真正帮助战略职能人员推动由"一个人的战略"向"体系驱动战略"的模式转型？

3. 职业经营管理团队的复盘

（1）是否保证在战略研讨中，真正站在全局而非本部门的局部利益角度？

（2）是否保证在战略研讨中，充分表达了自己的观点和意见，而不是在战略执行中再找理由？

（3）是否保证真正理解消化了战略规划的思想、要旨和内容，并对下属进行了准确和充分的传播？

（4）是否保证在年度目标和重点工作的制定、分解中真正贯彻落实了战略部署和举措？

（5）是否保证在干中学，善于总结和复盘，不断提升能力，持续加深对战略工具的理解和使用？

至此，以"执行"为中心，企业构建起包含战略制定、解码、执行管理和复盘的"好战略"闭环管理体系，组织可借此，由外在机会牵引的不确定增长模式，转型升级为由内部能力驱动的确定性增长模式，以应对存量市场时代日益不确定的外部环境，并实现可持续的增长。

致 谢

《存量增长》从策划到内容收尾，历时近两年。回顾这两年，为了交付一本高质量的作品，笔者在无数个早晨四点起床开始创作，努力利用好生物钟的黄金时间，捕捉和提炼出精彩的思想和文字。

本书完成之时，也恰值笔者从事专业管理咨询和研究二十周年、生命年轮进入第五个十年之时。我想以这部"专业人创作的专业作品"来致敬我热爱的管理咨询专业，感谢它让我安身立命，让我追求的"以此为生，精于此道"的专业主义有了皈依，让我在求索企业管理真谛的道路上，同时感悟到社会、家庭和自我管理之道，让我一路走来，满眼精彩。

当然，更应该感谢的是引领我走上管理咨询道路的彭剑锋教授和促成《存量增长》一书的多年挚友王留全先生。感恩二十年前，在人民大学彭老师"管理咨询"的课程上，一次机缘巧合的交流，得到彭老师的垂爱，从此开启了管理咨询之路。而和留全的相识也已有十年，那时他还是蓝狮子出版总编辑，负责和参与策划了一大批畅销图书的出版。感谢留全，没有他的鼓励和支持，就不会有这本书的出版。他从本书的最初策划定位，到后期的修改指导，给予了大量的专业建议。在此过程中感受到职业策划人的专业风范、功力和水平，让我受益匪浅。

感谢爱人，包容我沉迷管理咨询长期出差在外，在追求自己心理咨询专业梦想的同时，承担起全部的家务。感谢儿子，陪伴你成长，让我和妈妈的生命变得丰盈和厚重，祝福你的人生感悟成长、足够精彩。

参考文献

【1】明茨伯格，阿尔斯特兰德，兰佩尔. 战略历程：穿越战略管理旷野的指南[M]. 魏江，译. 北京：机械工业出版社，2012.

【2】基希勒三世. 战略简史[M]. 慎思行，译. 北京：社会科学文献出版社，2018.

【3】里维斯，汉拿斯，辛哈. 战略的本质：复杂商业环境中的最优竞争战略[M]. 王喆，韩阳，译. 北京：中信出版社，2016.

【4】德鲁克. 成果管理[M]. 朱雁斌，译. 北京：机械工业出版社，2006.

【5】波特. 竞争战略[M]. 陈小悦，译. 北京：华夏出版社，2009.

【6】波特. 竞争优势[M]. 陈小悦，译. 北京：华夏出版社，2009.

【7】斯莱沃斯基，莫里森，艾伯茨，克里福德. 发现利润区[M]. 凌晓东，刘文军，张春子，吴素萍，刘云鹏，译. 北京：中信出版社，2010.

【8】塔什曼，奥赖利三世. 创新跃迁：打造决胜未来的高潜能组织[M]. 苏健，译. 成都：四川人民出版，2018.

【9】巴格海. 增长炼金术：企业启动和持续增长之秘诀[M]. 奚博铨，许润民，译. 北京：经济科学出版社，2000.

【10】钱·金，莫博涅. 蓝海战略：超越产业竞争，开创全新市场[M]. 吉宓，译. 北京：商务印书馆，2016.

【11】卡普兰，诺顿. 平衡计分卡：化战略为行动[M]. 刘俊勇，孙薇，译. 广州：广东经济出版社，2005.

【12】卡普兰，诺顿. 战略地图：化无形资产为有形成果[M]. 刘俊勇，孙薇，译. 广州：广东经济出版社，2005.

【13】卡普兰，诺顿.战略中心型组织[M].上海博意门咨询有限公司，译.北京：中国人民大学出版社，2009.

【14】莱斯.精益创业：新创企业的成长思维[M].吴彤，译.北京：中信出版社，2015.

【15】郭士纳.谁说大象不能跳舞[M].张秀琴，音正权，译.北京：中信出版社，2006.

【16】徐正.与大象共舞：向IBM学转型[M].北京：机械工业出版社，2013.

【17】谢宁.华为战略管理法：DSTE实战体系[M].北京：中国人民大学出版社，2023.

【18】华为大学编著.熵减：华为活力之源[M].北京：中信出版集团，2020.

【19】胡赛雄.华为增长法[M].北京：中信出版集团，2020.

【20】王成.战略罗盘[M].北京：中信出版集团，2018.

【21】陈雪萍，陈悦，岑颖寅，陈玮.战略破局：思考与行动的四重奏[M].北京：机械工业出版社，2022.

【22】王钺.战略三环[M].北京：机械工业出版社，2020.

【23】里维斯，坎德隆.动态商业战略[M].孙金云，译.北京：中信出版集团，2024.

【24】郭平.常变与长青：通过变革构建华为组织级能力[M].深圳：深圳出版社，2024.

【25】李国华.破圈战略[M].北京：中国财富出版社有限公司，2024.

【26】吕守升.战略解码-跨越战略与执行的鸿沟[M].北京：机械工业出版社，2024.

【27】柏翔，佛洁.领先的密码[M].北京：机械工业出版社，2024.

【28】邓斌.华为成长之路[M].北京：人民邮电出版社，2020.

【29】韦伯.新教伦理和资本主义精神[M].彭强，黄晓京，译.西安：陕西师范大学出版社，2005.

【30】费孝通.乡土中国[M].成都：天地出版社，2020.

【31】博西迪，查兰.执行：如何完成任务的学问[M].刘祥亚，译.北京：机械工业出版社，2004.

【32】克里斯坦森.创新者的窘境[M].胡建桥，译.北京：中信出版社，2010.